THE FUNCTIONING OF THE

BOARD OF DIRECTORS

董事会

公司治理运作精要

仲继银 著

企业管理出版社
EMPH ENTERPRISE MANAGEMENT PUBLISHING HOUSE

图书在版编目（CIP）数据

董事会：公司治理运作精要 / 仲继银著 . —北京：企业管理出版社，2020.9

ISBN 978-7-5164-2204-5

Ⅰ. ①董… Ⅱ . ①仲… Ⅲ . ①董事会—管理体制—研究 Ⅳ . ① F271

中国版本图书馆 CIP 数据核字（2020）第 166164 号

书　　名：董事会：公司治理运作精要

作　　者：仲继银

责任编辑：李　坚　张　楠

书　　号：ISBN 978-7-5164-2204-5

出版发行：企业管理出版社

地　　址：北京市海淀区紫竹院南路17号　　　邮编：100048

网　　址：http：//www.emph.cn

电　　话：编辑部（010）68414643　发行部（010）68701816

电子信箱：qiguan1961@163.com

印　　刷：三河市东方印刷有限公司

经　　销：新华书店

规　　格：148毫米×210毫米　32开本　10.25印张　160千字

版　　次：2020年9月第1版　2020年9月第1次印刷

定　　价：78.00元

前　言

PREFACE

从董事会开始，积累基业长青的组织资源

企业生存和发展，要有人力资本、货币资本、物质资本和组织资本。仅有人财物，没有组织资本，是“三缺一”。企业组织资本使人财物三要素产生合力，一加三大于四。历经百年、基业长青的公司，都已经和其创始家族、原始股东、起家时的主营业务等没有多少关系了，传承下来的是一种组织资本。

成功与成长不可避免地带来组织变革和结构调整的要求——所有公司都面对这一问题。随着不断发展壮大，企业变得日益复杂并因此产生了对更正规组织结构的需求，

必须适时地采用新的公司治理模式。

公司治理主要涉及三个方面的参与者：股东，董事会及其成员，以 CEO 为首的公司管理层。这些参与者决定着公司的发展方向和业绩。加强公司治理就是要在这三方面参与者之间建立起有效和负责任的关系，即股东对董事会的有效制约和董事会对管理层的有效监督与指导。

董事会是最重要的一种公司治理机制。要从董事会开始，构筑基业长青的组织资源，积累持续强盛的组织资本。建设一个独立、专业和高质量的董事会，形成稳定与合作的局面，才能走向股东可以换、员工可以换、客户可以换，但是公司依旧存在并且能够持续发展和兴盛的状态。

董事会管理：连接公司治理和公司战略的桥梁

公司作为一个法人之所以能够超越自然人，其关键就在于董事会，是董事会作为一个独立和有效的高层团队在管理公司。

公司要实行董事会的集中和专业化管理有两个方面的原因。一是在股东享受有限责任的好处并可以通过转让股份退出公司的情况下，公司的财产和事务需要有一个确定、稳定和可追究责任的董事会来管理。二是通过董事会的集中和专业化管理，提高决策质量和管理效率，吸纳众多股东提供股权资本，能有效地扩大公司的规模。

以董事会为中心的公司治理要处理好三组关系。一是股东作为一个整体和公司管理机构——董事会之间的关系，二是公司控制性股东和中小股东之间的关系，三是公司控制者和公司其他利益相关者（银行、员工、供应商和顾客等）之间的关系。

股权集中和有控制性股东存在的公司，让董事会对股东负责容易做到。但是控制性股东可能会侵犯其他股东和利益相关者的利益。

股权分散和没有控制性股东存在的公司，公司治理的主要问题是股东作为一个整体和公司管理机构——董事会之间的关系，需要加强董事会对股东的责任，同时加强董事会对经理层的控制。

中国企业健全公司治理，最主要的是需要约束控股股东授权董事会从而加强董事会对公司的战略领导力。因此，董事会的构建和有效运作是首要任务。

不存在“一个型号适应全体、放之四海而皆准”的公司治理模板。每一个董事会必须根据其自身所处环境制订公司战略，控制其业务。但是有一些基本的最佳做法，值得所有公司参考，无论其处于什么地域和产业。

董事会应该是在恰当的氛围（对董事会职责的正确认识，第1、2章的主要内容）下，由恰当的人（有效董事会的组建，第3、4、5章的主要内容）按照恰当的程序（董事会的委员会、会议与运作，第6、7章的主要内容）完成恰当的工作（董事会的宗旨、任务，监控与战略指导，第8章的主要内容）。如何做到这四个“恰当”，就是本书要研究的内容。

董事会要通过自身质量的提高以及通过卓越的领导和战略管理，给公司增加价值。这是一门新的实用学科——董事会管理，它是联结公司治理和公司战略的桥梁，是公司股东、董事、经理人、员工以及与公司打交道的有关方面人士都应该了解和掌握的一个知识领域。

仲继银

2020年7月于中国社科院经济研究所

目　录

CONTENTS

2 章　忠实义务、勤勉义务和商业判断准则

5 章　董事长、首席执行官与董事会秘书

8章　从中小企业到集团公司：控制与转型

1

章

以董事会为中心的公司治理模式

1. 董事会中心治理模式的核心内涵
2. 董事会中心主义的公司治理原则
3. 高质量董事会的三个关键环节

现代公司由董事（会）主导，公司的业务和事务由董事会管理，或是在董事会的指导之下管理，就是以董事会为中心的公司治理模式。

董事会是由全体股东付费，在有关部门的监管规则之下，按照以创造股东价值为目标、兼顾各类利益相关者利益的原则，指导和管理公司日常运作的机构。除法律和公司章程规定由股东行使的之外，董事会可以行使公司的一切权力，采取任何合法行动及完成任何合法事项。

股东、董事和经理之间职责划分实行董事会中心主义，高质量的董事会是良好公司治理的基石。

1. 董事会中心治理模式的核心内涵

三组关系和三个核心概念

董事会中心公司治理模式的三个核心原则分别涉及到董事和股东的关系，董事之间的关系，董事和公司经理层的关系。

（1）董事与股东间关系：董事由股东选举产生

董事会中心公司治理模式的第一个核心概念是股东选举产生董事，通常是按年，在公司必须召开的年度股东大会上进行。不是由股东选举产生，如由政府任命等，则不是现代公司治理意义上真正的董事。

理解公司制企业中股东选举董事这一概念，可以比较一下合伙制企业。合伙企业法的默认规则是，企业的所有者（合伙人）仅仅因其是所有者而管理合伙企业。相比之下，公司的所有者（股东），仅仅作为股东，没有权力去直接管理公司。公司股东的权力是选举董事，以及对由董事们提交给股东大会、要求股东表决的事项进行投票表决。

（2）董事间关系：地位平等的同仁团队

董事会中心公司治理模式的第二个核心概念是，董事会是一个地位平等的同仁团队，通过共同协商来制定决策。所有董事都拥有同样的投票权，出现不同意见时，实行多数决定原则，董事会成员中多数人的意见就构成了其决策事项范围内的最终决策。

董事会作为一个同仁团队的集体决策和其他各种组织的集体决策之间有着本质上的不同。在层级制组织中，随着业务或规模的增长，可能会由一种集体决策取代独裁决策，并可能致力达成共识，但是总有一个人拥有做出决策的终极权力。在层级制组织的决策中，通常会把权威在各个人中进行划分。与此不同，董事作为个人没有任何权力，董事只有作为一个集体通过董事会会议才拥有权力。

（3）董事与经理层间关系：董事会选聘和监督经理层

董事会中心治理模式的第三个核心概念是，董事会拥有选聘和监督公司高级管理人员（特别是首席执行官）的最终权力与责任。这一点是很多中国公司董事会不能真正到位的一个主要表现。

发达国家公司法通常准许，也有极个别公司这么做——通过章程规定，由股东选举公司总裁或其他高级经理。但是在发达国家的公司治理实践中，几乎所有公司都是由董事会任命首席执行官和其他高级经理人员。而且，法院坚持董事会任命经理人员的原则，认为剥夺董事会控制经理或公司其他人员的权力，违反了“公司应由其董事会或是在其董事会的指引之下进行管理”的公司法原则。

集中管理、团队决策、监督经理层和利益协调

为什么要实行以董事会为中心的公司治理？有价值创造和利益协调两个方面的解释。

（1）价值创造：集中管理、团队决策和监督经理层

从价值创造的角度看董事会的作用，或说是公司为什么需要一个董事会，主要有三种理由：董事会满足了公司集中管理的需要，董事会通过团队决策提高了公司重大事项的决策质量，以及董事会通过对公司管理上的监督降低了代理成本。

拥有众多股东的企业需要集中管理。让众多所有者——特别是如果他们持有的是可自由转让的权益——经常和持续地坐到一起做出决策，是不现实的。集中管理的需要使一个企业家在创立一个预期有众多所有者的企业时会选择公司制而不是合伙制。

一个独裁者或是寡头执政体也可以实行集中管理。为什么要在公司管理的最高层面上设置一个董事会而不仅仅是一位首席执行官？这需要有关董事会作用的第二种解释——团队决策理论。根据行为心理学研究结果，在需要做出判断的事项上，团队，如公司董事会，要比单独的个人，能够做出更好的决策。

除集中管理和团队决策之外，董事会还可以作为一种公司管理的监督机构发挥作用。股东作为剩余索取者，具

有监督最高代理人的最好激励，但是如果股东众多则难以形成有效的直接监督。由股东选举产生的公司董事会，是代表股东监督公司管理层的有效和必要工具。

（2）利益协调：股东主权和利益相关者

把董事会看作是一种利益协调机构的理论可以分为狭义说和广义说两种。

狭义说承认公司股东主权至上，其他各方持有的都是合同利益。这时，董事会作为一种与股东会不同的公司权力机关，主要是要协调公司控制性股东和非控制性股东之间的关系。公司设立董事会，可以保护非控制性股东免受控制性股东的剥夺。非控制性股东可以通过公司董事会获得对企业管理问题的一些发言机会。这是当前有关董事会治理和董事会改革讨论中的一种主要呼声，特别表现在希望通过增加独立董事来保护中小股东。

广义说则否认公司股东主权至上，坚持一种利益相关者（stakeholder）观点，或者是比利益相关者概念更宽泛的公司委托人或公司选民（constituent）观点，认为公司董事会要代表公司所有各方面，协调各方之间的利益冲突。各种各样的团体——股权投资者、贷款人、经理人以及雇员等，都对公司收入做出了贡献。所有这些贡献的最终价值的不确定性，导致无法完全按事前合同约定对每方进行恰当的补偿。由此产生了对一个拥有权力在事后做出有关分配决策的协调机构的需要。

2. 董事会中心主义的公司治理原则

实行董事会中心主义原则和以董事会为中心的公司治理模式，需要做到如下三点。第一，避免监管机构过度介入公司内部治理，如公司董事的具体人选等，力争公司治理上的自主权；第二，强化股东的权力及责任，但同时要将股东的权力严格限制在股东会的边界之内，任何股东个人都不能直接干预到董事会的组成和运作；第三，公司主要股东及董事和管理层人员要准确理解、掌握和遵循公司法的基本原理和公司治理的基本规则，任何一位董事都不能是任何一方股东的利益代言人，而是全体股东和整个公司的受托人和利益守护者。

谁能代表公司？董事会与法人代表

根据董事会中心主义原则，董事会是公司核心，董事会代表公司。经董事会授权的董事、董事会主席、首席执行官，以及董事会任命的公司秘书（董事会秘书）等，可以在各自的层面和权限范围内代表公司。

中国公司法（第 13 条）将法人代表限定在了公司董事长、总裁或无董事会情况下的执行董事范围内（股东人数比较少、规模比较小的公司可以不设立董事会，设立执行董事行使董事会职能），具体由公司章程规定，这是把决定“谁能代表公司”的权力分配给了股东。章程是股东制订，并需经股东会批准才能修改的。

在不设董事会的小公司，执行董事就等于是董事会，执行董事任法人代表，也就等于是董事会代表公司。

在设立董事会的公司，由公司章程规定的董事长或经理出任的法人代表权，是不是从属于董事会的权力范围之内呢？表面上看，法人代表是独立于董事会的一个公司法定机关，法人代表的权力来自公司法和公司章程，可实际上，就普通股份公司来说，董事长是由董事过半数推选产生的，经理是董事会任命的，这样一来，无论公司章程规定董事长还是经理担任法人代表，谁最后出任法人代表还是由董事会决定的，法人代表的权力也就事实上属于董事会的权力范围之内了。

股东会、董事会和经理层之间的权限划分

中国式的股东、董事会和经理层“矛盾闹剧”，根源在于中国公司治理中董事会中心主义的缺失，股东会、董事会和经理之间权力划分的原则不清晰。在股东会、董事会和经理层之间的权限划分上，现代公司法的基本原则是董事会中心主义——股东保留的公司管理权力需要事先和明确列举（通过公司章程和股东协议等），此外的全部公司管理权力默认配置给董事会行使（并由董事承担相应责任），经理层的公司管理权力则是完全来自董事会的授予。

中国公司法对股东会、董事会、监事会及经理的职责和权力分别进行了逐条列举性的规定，这是一种看似清晰实则混乱的做法。如股东大会“决定公司的经营方针和投资计划”（2005年《公司法》第38条第一款），董事会“决定公司的经营计划和投资方案”（2005年《公

司法》第 47 条第三款），这二者之间界限何在？经营方针和经营计划之间、投资计划和投资方案之间，具体边界怎么划分？

再如，董事会“制定公司的基本管理制度”（2005 年《公司法》第 47 条第十款），经理“制定公司的具体规章”（2005 年《公司法》第 50 条第五款），这个基本管理制度和具体规章之间的边界又在哪里？甲公司中可以作为具体规章的事项，到乙公司也许需要作为基本管理制度，如库存之于钢铁公司和金银首饰公司，前者中库存相对于投资和生产运营重要性低得多，后者中则高很多，甚至可说是至关重要。

还有，界定经理职权的中国公司法第 50 条最后又加了一句“经理列席董事会会议”，这是经理的权力还是义务？如果说是经理的权力，那么讨论经理业绩表现、决定经理报酬待遇以及讨论是否要解聘经理的董事会会议，也必须要允许经理本人参加吗？如果说是经理的义务，则属多此一举，经理能拒绝董事会对其参加董事会、为董事会提供信息和向董事会报告工作的要求吗？诸此种种，意为清晰反致混乱的规定，导致了中国公司中频繁出现股东、董事会和经理层之间拿着同一本公司法打架，都说是要界定清晰各自的职责。

这种列举本身即使再详细，也不可能穷尽公司实际运作中面临的各种各样的决策和权力分配问题。没有列出来的决策归谁？已经列出来的那些决策种类，实际尺度如何掌握？如果我们仅限于中国公司法字面上所列举的股东大会权力、董事会权力和经理权力，很难对股东、董事和经理权力有个清晰和正确的理解。

为股东会、董事会和经理各自列举职责，不如明确一个董事会中心主义的职责划分原则。这就是“公司要由董事会管理或者在其指导下管理，除非在公司章程中另有规定”。在董事会中心主义的职责划分原则下，股东会要保留哪些公司管理权力采取明确列举方式，由股东在公司章程或股东协议等文件中规定，剩下的都是董事会的。经理的全部管理权力都来自董事会的明确授权，董事会授予经理哪些权力，经理才能拥有哪些权力。

明确了这样一个基本原则之后，投资也好，经营也好，方针、方案或者计划，有关股东会和董事会之间权力边界划分的制度规定，股东会拥有最终的决定权力，董事会和经理之间具体的权力边界划分则由董事会决定。如经理是否列席董事会会议，什么情况下需要列席，什么情况下不能列席等，完全由董事会根据会议的具体内容和议程而定。股东会、董事会和经理之间的权力边界划分不再是一个法律的问题，而是一个公司治理实践问题。三会一层“各自职责清晰、依法运作”的公司治理问题也就转化为一个“定好公司章程和公司治理规则，作好职责划分和职位描述”的公司管理问题了。

3. 高质量董事会的三个关键环节

在以董事会为中心的公司治理模式下，高质量董事会有公司外部和内部两个方面的决定因素。

公司外部的决定因素包括良好并得到有效执行的公司和证券法规，开放和充分竞争的资本市场、产品市场和经理人市场，强有力的并购与公司控制权市场，以及会计师事务所等看门人机制。

公司内部可以影响甚至是决定董事会质量的因素很多，从股东、董事、经理到董事会秘书等公司董事会的直接参与主体，都是可以影响甚至决定公司董事会质量的重要因素。

以董事会为核心的规范和健全的公司治理结构框架

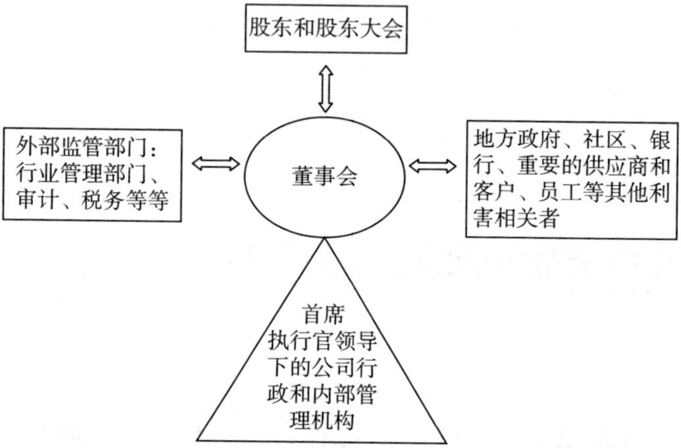

图 1-1　董事会对谁负责

股东权力归位

股东权力归位，严格按公司治理规范行使股东权力，是高质量董事会的基础。在股东权力越位和缺位的情况下，都无法建立起一个高质量的董事会。

股东权力越位普遍存在于有控股股东存在的公司中。这一类公司中，如果控股股东不能严格遵守公司治理规范，往往会使公司董事会形同虚设，本该董事会行使的权力，实际由控股股东掌控。在这一类的公司中，完善公司治理、构建高质量的董事会的首要任务，是约束控股股东权力。

约束控股股东权力的关键步骤是把其限制在股东大会的边界之内。控股股东要和其他股东一样，只能通过股东大会上的投票权行使其股东权力。要使控股股东甘心于只在股东大会的职权范围内行使权力，关键措施有两条：一是落实刺破公司面纱制度，二是强化公平交易义务。

刺破公司面纱制度就是中国公司法第 20 条的规定："公司股东应当遵守法律、行政法规和公司章程，依法行使股东权利，不得滥用股东权利损害公司或者其他股东的利益；不得滥用公司法人独立地位和股东有限责任损害公司债权人的利益。公司股东滥用股东权利给公司或者其他股东造成损失的，应当依法承担赔偿责任。公司股东滥用公司法人独立地位和股东有限责任，逃避债务，严重损害公司债权人利益的，应当对公司债务承担连带责任。"公司控股股东应该知道，遵守公司治理规范，不越位，不越权，是其自身风险管理的第一道闸门。

控股股东越位越权的原因有两个：一是无知，二是自利。无知的问题可以通过公司治理知识的普及来解决，自利的问题则需要通过强化公平交易义务来解决。控股股东之所以要掌控公司的实际控制权，甚至是越位和越权，根本目的是为了获取控制权的私人收益，从公司获取超越其纯粹股东收益（分红和资本增值）之外的超额利益。这种超额利益，通常都是通过不公平关联交易来获取的。堵住不公平关联交易，就可以基本堵住控股股东越位越权的利益动机。

股东权力缺位，主要存在于中小股东权利保护不足情况下的股权分散公司中，同时也存在于终极股东自身动力不足情况下的多层代理结构中，例如国有层层控股结构之下的一些公司。无论股权如何分散，也无论代理层级多么复杂，代理链条多长，公司股东至少要能够正常行使如下两项权力：通过股东大会选举产生公司董事监事和选聘为公司提供外部审计职责的会计师事务所。股东不能有效完成这两项职责，则是严重缺位，公司将陷入严重的内部人控制失控状态。

董事会到位，并随时在位

股东归位后，董事会要真正到位并且还要随时在位。董事会的真正到位，首先需要法律上董事义务和责任追究体系的到位，然后是全体董事管理公司权力的到位（职责的落实，董事选举董事长和董事会选聘首席执行官），再后是董事会本身如何更好地运作的问题（行为上的到位）。只有这义务、权力和行为的三个到位，董事会才算真正到位。

董事会到位之后，还要“随时在位”。为了保证董事会职能上的“随时在位”，需要设置执行委员会在董事会闭会期间代行董事会的权力，还需要通过紧急状态下的管理规则，设置“紧急状态下的董事会会议”机制。就是在极其特殊的紧急状态下，正式的董事会成员构不成董事会会议的法定人数时，公司在场的哪些人按什么顺位，补足董事会会议需要的法定人数，召开紧急状态下的董事会会议，行使董事会的权力。

可以把董事会的执行委员会和“紧急状态下的董事会会议”看作是现代公司董事会为了保证自己的真正到位并随时在位而设立的两级应急机制。可是直到目前为止，我们还没有看到任何一家中国公司的董事会有类似的应急机制设置。有的公司设有“执行委员会”，但实际是一种董事会之下管理层成员构成的公司管理委员会。也有的公司设有董事会常务委员会，但其人员构成以执行董事为主，削弱了非执行董事的作用，从而丧失了董事会执行委员会的“治理”功能。

中国的公司法和有关监管部门还没有为公司董事会这类应急机制（特别是紧急状态下的董事会会议）的启动提供一种默认规则。这也许可以说是中国学习现代公司治理中的一个最大的谬误：只看到了冰山表面上露出来的部分，忽略了下面更大的主体部分和其他支撑性部分。

尽管可以说到目前为止，中国公司的董事会很多是“形式到位”，还很少真正“行为到位”，但是不久的将来，那些没有或者不能真正“行为到位”的董事会将从中国公司管理的舞台上消失。股票全流通之后股权分散化的进程已经呈现出了加速度，股票全流通和股权分散化企业的董事会已经无法再仅仅作为一个形式而存在，他们必须“行为到位”，否则将会有别人取而代之。

对经理人的充分授权与有效监督

企业的事业是生意，提升公司治理水平的根本目的是促进企业发展。良好的公司治理，绝不应该仅仅是一套约束机制，更应该是一套有效的激励机制。股东归位、董事会到位和随时在位并且能够有效发挥战略职责的情况下，真正高质量的董事会，还要对经理人充分授权和有效监督。可以说，是否能够对经理人充分授权和有效监督，是高质量董事会的一个核心要素。

中国公司治理中，经理人权力要么是过大，要么是不足。过大时，往往使董事会形同虚设；不足时，则是无所作为。经理人权力过大，并致使董事会形同虚设的情况，通常出现在大股东过度控制公司或是股东缺位这两种情况下。大股东过度控制公司，大股东直接出任或者是直接任命经理人，都会导致董事会权力虚置。股东缺位的情况下，经理人实际控制公司，董事会成员也实际处于经理人的操控之下。经理人权力不足，通常出现在股权制衡比较严重的情况中，各主要股东事实上各自把持了公司的一些重要管理岗位，股东间关系又直接延伸到了经理人之间。这种情况下，单看每个个体的经理人，似乎有着直接来自各个股东的权力，权力很大。但是经理层作为一个整体，来自全体股东通过股东会—董事会—经理层这一正式公司治理链条授权的权力不足，尤其缺乏公司有关战略选择方面经理层该有的一些决策权。

现代公司治理中股东保留的决策权力要事先在公司章程和股东协议等公司文件中明确列示出来，除此之外的所有公司管理权力都归属于董事会。董事会在自身所拥有的公司管理权力中，根据公司发展的具体情况，向经理层进行授权并进行相应的监督。高质量董事会的实际作用发挥，主要就表现在能否为公司挑选到合适的优秀经理人，对该等经理人进行充分授权，并同时进行有效监督。

2

章

忠实义务、勤勉义务和商业判断准则

1. 董事会在现代公司机关中的核心地位
2. 恪守管家本分：董事的忠实义务
3. 履职到位：董事的勤勉义务
4. 董事的免责安全港：商业判断准则

公司为什么要有董事会这样一种制度安排，作为董事会的成员——董事，要承担什么样的职责和义务，以及董事如何合理规避其法律风险？

1. 董事会在现代公司机关中的核心地位

法治化下的组织发展和人治化下的组织发展最大的区别就是高层决策体制不同。法治化下的组织高层是委员会决策，人治化下的组织高层则是关键人决策。现代公司的董事会是在股东会授权下的高层决策和监督委员会。

董事会发挥作用的核心和动力基础来自法律上对董事义务的规定。法律创建了公司这个“法人”，让其股东享有有限责任之后，为了控制股东对有限责任的滥用，而平行引进了“董事”——实际管理公司之人，无论其名义上是否是董事——的概念。这样，就可以追究到自然人作为公司行为的责任承担主体。否则，法人犯罪泛滥，以法人之名侵害债权人和第三人的行为就难以得到有效和有力的制止。

公司为什么需要董事会

公司为什么需要董事会？这个问题可以分解为三个层面：先是公司为什么需要至少一位董事，然后是公司为什么需要多位董事，最后是为什么多位董事要组成一个董事会、通过“董事会”这样一个会议体来行使权力，也就是公司为什么需要董事会。

公司为什么需要董事？简单说，特许公司时代，因为成立公司是一种特权，因此先有政府（议会）任命的董事，董事以公司的名义去融资而后才有股东，这使“董事管理公司”成为一种事实和惯例。到了普通公司时代，为了防止有限责任股东滥用公司法人地位，通过“至少要有一位董事”和“董事管理公司”的法律设置，增加一个责任追究通道。多位董事并进而组成董事会，则是随公司对外融资、规模扩大和严格管理规则而产生的一种有效实际运作需要。

从法定的董事机关到实际运作中的董事会设置的发展，也是利益关系复杂的一个结果。以会议体形式行使权力的董事会制度，相比可单独行使权力的董事制度，是对董事权力行使方式的进一步规范，有利于防范董事权力的滥用。作为一个集体的董事会，要比各自行使权力的董事，在决策水平、决策过程和透明度上有大幅度提高，也使董事决策的过程记录成为董事责任追究可资利用的基础。

董事制度方便了将公司管理权力赋予有能力的人，不愿意或能力不足的股东可以当甩手掌柜的，董事制度由此成为公司广纳人才的有利方式。董事会主导人物从官员、创办者、大股东、银行家到经理人和独立董事，越来越从倚重权力和物资资源向倚重人力资本、专业能力方向转化。董事会相应地从公司控制和保证规范角色，向更多的战略制定和帮助公司创造业绩方向转化。

股东的有限责任与董事的管理权力

公司治理的核心要义起源于法人独立，股东享有有限责任就要遵守公司治理规范，要严格区分股东个人财产和公司法人财产，股东个体权力要通过治理规则才能形成公司行动。

法人独立性和股东有限责任内在地要求董事管理公司，董事承担法人行为不端的后果。不存在无需承担责任的权力，股东欲保有绝对的公司管理权力，则采用无限公司或两合公司结构，对公司债务承担无限责任。否则，股东欲享有有限责任，则需让渡公司管理权力给董事，只能保有有限权力，主要是通过股东大会对董事会人选进行控制、对董事会权力空间进行限定。

现代公司股东享有有限责任的益处，相应地在管理上要让渡权力，由董事会行使公司管理的权力。这两个方面的平衡设置，使现代公司的发展壮大成为可能，并且事实上已经成为现代经济中最强大的力量。如果没有配套的董事和董事会制度，有限责任制度则会被股东滥用于过度的冒险、掠夺，而不是真正的企业发展。

有限责任，董事会管理公司，如何能够保障股东不会操纵董事会，而又通过有限责任逃避惩罚呢？

就防范股东滥用有限责任制度和公司独立法人地位而言，最重要和最核心的概念有两个：一是在一定条件下“撕破公司面纱”，否认公司的独立法人人格，从而直接追究股东的责任；二是通过赋予董事会管理权力、追究董事个人责任而防范公司和其股东的不良行为。

专栏 2-1　中国《公司法》有关“撕破公司面纱”的规定

第二十条　公司股东应当遵守法律、行政法规和公司章程，依法行使股东权利，不得滥用股东权利损害公司或者其他股东的利益；不得滥用公司法人独立地位和股东有限责任损害公司债权人的利益。

公司股东滥用股东权利给公司或者其他股东造成损失的，应当依法承担赔偿责任。

公司股东滥用公司法人独立地位和股东有限责任，逃避债务，严重损害公司债权人利益的，应当对公司债务承担连带责任。

董事责任，影子董事和事实董事

董事的设置是为了防止股东躲在公司法人的背后胡作非为，那如何防止公司的实际控制人躲在董事的背后来实际操纵公司又逃避责任呢？

按现代公司法和公司治理的基本规则，董事会是公司管理机构，董事是管理机构成员。“董事”是一个功能或职能性的概念，就是要从实质上认定公司的董事，而不管他是否名义上拥有董事头衔。如果股东或者任何人实际介入了公司管理，行使了本该归属董事会的职权，则该股东或该人在法律上就可以被认定为“董事”。

英国公司法上有明确的“影子董事”（shadow director）概念。影子董事是“这样的人，公司董事们惯常地按照他的旨意和指示行动”。在承担责任的场合，影子董事被当作正式董事对待，并课以严格的责任。美国和其他一些国家则有一个“事实董事”（de fecto director）的概念，没有正式董事身份的人，但是“他的行为表现出是以董事身份在活动（如经常参加董事会会议并积极参与公司决策等），他就被视为事实上的董事”。

有了这种“事实董事”的概念，就可以追究那些操纵或者架空董事会者个人的“董事”责任。如果没有这样的规定，就难以有效地防范和惩治那些隐藏在“有限责任之墙”和“董事会之幕”背后的“关键人”“垂帘听政者”。

董事责任的概念，在中国公司法中已经很明确了。但是因为缺乏“影子董事”和“事实董事”的概念和相应的法律实施，使中国公司中很多董事会的权力不能落到实处，不能有效地“治理”大股东或者控股股东的肆意操纵行为，董事会成为大股东的橡皮图章，公司成为大股东的“掠夺”工具。

2. 恪守管家本分：董事的忠实义务

董事对公司的法律责任主要包括忠实义务和勤勉义务两个大的方面。中国《公司法》第一百四十八条明确规定了“董事、监事、高级管理人员对公司负有忠实义务和勤勉义务”。

董事忠实义务是，公司董事不能利用其作为董事的身份，侵占和损害公司而谋求私利。除了挪用公款、收受贿赂、滥用公司财产等这些很明显的过错行为之外，还包括董事不能与公司竞争、不能利用公司机会、不能泄露公司机密、不能从事内幕交易和公正处理有利益冲突的交易等。

作为“公司管家”的董事，难免与公司之间发生一些利益冲突事项，其中最为典型和常见的就是董事从公司获取报酬和董事向公司借款。董事自然希望报酬多多益善，但是股东则希望董事报酬应该适可而止。

法律对于那些不可避免的董事与公司之间有利益冲突的交易事项，采取“批准”和“公平”两项检验标准。“批准”就是要事先通过一套程序来把关，包括有利害冲突的董事回避投票，或者经过股东的批准等。“公平”就是在缺少事先批准的情况下，如果能够证明该项交易对于公司是公平的，则该项交易仍然可以有效。

不能与公司竞争，不能利用公司机会

董事应该尽力为公司工作，不能与公司竞争。即使是在董事离职之后，仍然负有不能与公司竞争的法律责任。这一点，我们可以从下面这个英国 1972 年的判例中看得很清楚。

被告库雷是个优秀的建筑师，曾任原告实业开发顾问公司的首席执行官。实业开发顾问公司提供过顾问服务的东方煤气局要建造四个补给站，实业开发顾问公司非常想获得该合同。库雷代表实业开发顾问公司与东方煤气局接洽，但被告知东方煤气局高管不愿聘请实业开发顾问公司。库雷意识到这是为自己获得这项合同的良机，于是装病而终止了与实业开发顾问公司之间的雇佣合同。随后不久，库雷采取了一些措施，最终为自己获得了东方煤气局这四个补给站的合同。实业开发顾问公司起诉库雷，要求其返还建造这四个补给站所获利润。

法院判决库雷违反了其忠实义务，须向公司返还所获利润。实业开发顾问公司自身可能得不到该合同的事实无关紧要。在审理该案的罗斯吉尔法官看来："可见，不能肯定地说，原告就能获得该合同……但是另一方面，原告也总是有机会说服东方煤气局改变主意，具有讽刺意味的是，被告正好有义务设法说服对方改变主意。被告现在说，原告没有遭受任何损失，这倒显得很奇怪，因为他根本就没有成功地说服对方改变主意"（吉南，297 页）。

中国的很多企业高管，离职之后从事与公司有竞争性的业务活动，很少受到法律的处罚，导致原企业因此而步履维艰，甚至陷入困境。

和与公司同业竞争相比，很多中国企业高管，甚至就没有把利用公司机会当作是违法行为。很多集团公司的高管在下属公司中持有股份，如果深究，其中可能大量存在利用公司机会的问题。

雷格尔公司拥有 1 家电影院，欲再购 2 家电影院，以便将3家影院一并出售。雷格尔公司成立了一家新的子公司，由其购买2家新影院，但因为雷格尔公司拿不出购买影院的全部资金，便由公司董事购买了该子公司的一部分股份，凑足了必要的资金，该子公司购买了这2家新影院。最终雷格尔公司及其子公司的股份得以出售并且赢利。雷格尔公司的新控股者起诉这些董事，要求返还所获利润。

法院判决这些董事必须向雷格尔公司返还利润。因为只有担任董事职务，他们才有机会了解到可以购买该子公司股份，并因此获利。法院尤其强调，只要以下情形成立，董事就有义务向公司返还其自身所获利润：董事所为与公司事务如此相关，以至于可以合理地认为，是利用了其作为董事的机会和所得信息（吉南，298页）。

可以存在的竞争和可以利用的机会

董事不能与公司竞争和不能利用公司机会，并非绝对的。如果法律绝对禁止董事从事任何与公司之间有竞争性的业务活动，也绝对禁止董事利用公司机会，就会丧失很多公平的交易和有利的机会。

迪克森与比索公司董事会接洽，欲将其与比索公司财产毗邻的 126 个探矿权出售给比索公司。比索公司董事会经过讨论之后，拒绝了该交易。然而比索公司的地质专家随后组建了一个克罗斯鲍矿产公司购买该探矿权。克罗裴是比索公司的董事，参与了早先比索公司董事会拒绝该项交易的决策。但是克罗裴个人在克罗斯鲍公司投资了，是股东。克罗裴遭到比索公司起诉，要求将其取得的克罗斯鲍公司股份返还给比索公司。

加拿大最高法院认为，克罗裴无须返还。从事实来看，克罗裴及其董事同僚完全是出于善意为比索公司利益而行事，拒绝该要约有充分的商业理由。没有证据表明，克罗裴拥有隐瞒董事会的秘密信息或者其他信息。法院还查明，克罗斯鲍公司邀请克罗裴加入，并非因为其比索公司董事的身份，而是作为一个普通的风险投资者（吉南，299 页）。

不仔细分析的话，这个“可以”的案例和前面两个“不能”的案例之间，很难看出明显的差异。这之间的界限应该如何把握？

第一个“不能”的案例中，首席执行官没有努力为公司赢得这个商业机会，而是辞职后自己干；第二个“不能”的案例中，董事是直接利用了作为董事才有的投资机会；而第三个“可以”的案例中，该董事是在公司明确否决该项目之后才投资的。差异就在这里，董事可以在公司明确拒绝一项业务或一次机会之后，再自己从事该项业务或利用该项机会。

那么董事是否可以有预谋地以“董事”之权力先否决一个公司机会，然后再自己干呢？关键点是，其作为公司董事所做出决策是否是“善意”的。如果被证明该董事为了能以后自己干，当初故意隐瞒了一些重要的相关信息或者没有充分利用相关信息，而致使董事会做出了拒绝的决策，则会判处该董事违背了其应尽的忠实和勤勉义务。

与公司竞争和利用公司机会这两方面的董事忠实义务问题，在中小企业、合资企业和非上市公司中要比在大型企业和上市公司中更为普遍一些，也是中国健全公司治理、强化董事责任的一个关键环节。

可以与公司进行的竞争：治理原则与例证

美国法律研究院《公司治理原则》[①]第5.06节规定，董事或者高级主管不得从事与公司相竞争的活动而为自己谋

① 《公司治理原则：分析与建议》（楼建波等译，法律出版社2006年8月第一版）是美国法律研究院的“美国法律重述”项目之一，虽然本身并非法律文本，但因广为法官引用，实际具有法律的作用。

取金钱利益，除非：①这种竞争给公司带来的合理的可以预见的损害，要小于公司从这种竞争中可能获得的合理利益，或者这种竞争不会给公司带来损害；②这种竞争是在进行了有关利益冲突和竞争的信息披露之后，经过了无利益冲突的董事的批准；③这种竞争获得了无利益冲突的股东的事前授权。

这里的竞争包括对客户的竞争，对供应的竞争，对雇员或者商业财产的竞争等。但是只有该董事是直接为个人利益而行为时才被看作是与公司竞争。如果一名董事仅仅是在另外一家竞争对手的董事会任职，则不在此列。

如果没有合同约定的限制，一名董事或高管，为在公司任职结束后与公司进行竞争而进行有限度的准备，这一事实本身并不构成违反义务。关键要看这种准备的性质和其对公司业务的影响。如果在这一准备过程中，将公司的商业机密挪作己用或滥用保密信息，或者攫取公司机会，或者为个人利益而游说公司客户等，则违反了董事或高管应尽的忠实义务。

例证：由无利益冲突的董事批准，可以进行竞争，但是如果情况发生变化，则要重新审查

X公司从事平板玻璃的生产活动并拥有一家工厂。产品的需求非常旺盛，远远超过了X公司的生产能力，在可以预见的未来一段时期，X公司不能满足产品订单的需求。X公司董事会决定不扩大生产规模，以免影响产品质量控制。A先生是X公司的董事但非高管，他希望自己建设一家工厂，以满足X公司不能满足的对平板玻璃的市场需求。在这种情况下，X公司的无利益冲突的董事可以作出适当的结论，认为A先生计划开厂的行为对X公司并不构成威胁。A先生得到了授权，可以开设新厂。

但是，在A先生建设了他自己的工厂之后，X公司的董事会又决定扩建X公司的工厂，以满足增长的市场需求。A先生一面担任X公司董事，一面其工厂又与X公司竞争，这就违反了董事的忠实义务。这时，除非X公司的无利益冲突董事或股东判断，留用A先生担任公司董事给公司带来的利益要超过这种竞争对公司的损害，否则A先生应该辞去X公司董事的职务（美国法律研究院《公司治理原则》第352页）。

可以利用的公司机会：治理原则与例证

美国法律研究院《公司治理原则》第5.05节规定，董事或高管不得从公司机会中获利，除非：①首先将该机会提供给公司，并且披露有关利益冲突及公司机会之情势；②该机会被公司所拒绝；或者③拒绝该机会对于公司是公平的，经披露之后该机会的利用已经被无利益冲突的董事所批准，公司对该机会的拒绝已经经过无利益冲突的股东的事先授权或者批准。

什么是公司机会？美国法律研究院《公司治理原则》在其5.05（b）节中给出的定义是：①作为董事或高管而获知的任何商业机会，如果：A. 是在履行职责时而得知，或者有理由相信提供机会的人意图是将这个机会提供给公司；B. 通过使用公司的信息或财产而获得，并且有理由相信，该董事或高管能够预见到该机会对公司是有利的。②作为董事或者高管所知晓的任何商业机会，该机会是与公司正在从事或者将要从事的商业活动具有密切联系。

例证：什么情况下属于和什么情况下不属于利用公司机会

A先生是从事钢铁制造业的X公司的首席执行官。尽管X公司目前没有进行业务多元化的计划，但如果A先生在履行其作为X公司首席执行官职务的过程中获得并接受了一个收购从事发展太阳能商业化用途的Y公司全部股权的机会，A先生将这个机会据为己有，他就属于攫取了上面有关公司机会定义中①A下的公司机会（是在履行职责时而得知，或者有理由相信提供机会的人意图是将这个机会提供给公司）。

如果其他事实与上面的情况相同，但是A先生获得的机会是通过参与Y公司股票私募而进行投资，而且A先生是以其个人身份而非X公司首席执行官身份获悉该机会的，那么A先生并不负有将该投资机会提供给X公司的义务。

如果其他事实与上面的情况相同，但A先生被提供的机会是生产铁矿石的Z公司的股权，而且A先生是以其X公司首席执行官的身份获悉该机会的，那么A先生获得的机会就属于前述定义中①A下的公司机会，而且他必须将此机会提供公司。即便A先生不是在履行其作为X公司首席执行官职责过程中获悉该机会的，根据前述公司机会定义中②条（该机会是与公司正在从事或者将要从事的商业活动具有密切联系的），他也必须将这个机会提供给公司。

有关董事和高管利用公司机会的问题，可能是公司治理和董事忠实义务及公平交易义务中最难判断与有效解决的难点问题之一。在美国这样公司治理法律发达的国家中，董事、高管或者控股股东已经很少有明显的对公司和中小股东的掠夺性行为，但是利用公司机会的问题，则不那么容易解决。中国在这个方面，还只是刚刚起步。缺乏对利用公司机会行为的有效控制，是中国职业董事、职业经理人制度发展不起来的一个根本原因。

3. 履职到位：董事的勤勉义务

勤勉义务的内涵及其与忠实义务的区别

勤勉义务，也称注意义务或审慎义务，和忠实义务一并构成公司董事和高管法律义务的两大种类。忠实义务的着重点在于董事行为的目的和做出决策的出发点是否正确，是否是为了公司的利益最大化；勤勉义务的着重点则是董事行为本身和做出决策的过程是否尽职和是否到位。

通俗地说，所谓“勤勉义务”，就是要求董事处理公司事务时能像处理个人事务时那么认真和尽力，或者说董事必须以一个谨慎的人在管理自己的财产时所具有的勤勉程度去管理公司的财产。

美国有关董事勤勉义务，最常被引用的正式表述有两个。一个是美国《示范公司法修正本》，其表述是，董事在履行职责时必须，①怀有善意；②要像一个正常的谨慎之人在类似的处境下应有的谨慎那样去履行职责；③采用良好的方式，这是他有理由相信符合公司利益的最佳方式。另一个是来自1966年宾夕法尼亚州的一个判例：一般的审慎之人在类似情况下处理其个人事务时应尽到的勤勉、注意与技能。

在英美国家的公司治理法律传统上，忠实义务和勤勉义务的区别是明显的。法院对违反忠实义务行为的审查相当严格，而对于违反勤勉义务行为的审查则相对宽松。但是从经济学的角度看，所谓忠实义务和勤勉义务两者在本质上都是因为存在代理成本和利益冲突而降低了投资者的福利，它们之间却并没有多少实质性的区别。以至《公司法的经济结构》一书的作者说，“在给定报酬的条件下，工作努力程度与此不相称，这称为违反勤勉义务；而在给定工作量的情况下，获取了过高的报酬，这称为违反忠实义务。这两者之间有什么区别呢？”

纯粹的法学家倾向于用是否存在利益冲突来解释忠实义务和勤勉义务的区别，美国法律学会《公司治理原则》甚至采用了一个“公平交易义务”的概念来涵盖传统上忠实义务概念所指的那些内容。法经济学分析则认为对违反义务行为的惩处机理和政策取向不同，也许是区分忠实义务和勤勉义务的一个更好解释。属于“偷懒”和“工作不努力”性质的违反勤勉义务的行为，具有连续性和持续性，可以通过一些公司自律和市场化的办法，如考评、升迁和解聘等来解决。忠实义务则通常是针对那些巨大的一次性盗用行为，行为人抱有“捞一把就走”的心态，事后性的市场惩罚措施远远不够用，此时法律上的“责任规则”就成为了最有效的办法。而且与违反勤勉义务的不努力、不谨慎行为相比，法院更容易辨别违反忠实义务的盗用行为，相应的质询成本和判错概率也低。

判别一个董事是否“勤勉”的标准，要比判别其是否“忠实”难得多。从判例法上看，董事违反勤勉义务可以分为三种情况或说是不够勤勉的三种程度：不作为、严重的疏忽和纯粹的过失。著名公司法专家克拉克采用演员上台后表演拙劣的三个等级来比喻董事不够勤勉这三种情况。董事的不作为——演员上了台却说不出台词，这是因为他甚至没有想过去记住它；董事的严重疏忽——演员上了台却把台词说错了，这是因为他的台词背得不熟；董事的纯粹过失——演员上了台，台词也说得对，但是演技却很糟糕，这是因为他缺乏天分或者排练得不够充分。

成为一名董事之后，没有承担起这个职位应尽的职责，不参加董事会会议，不用心了解公司经营状况，不认真阅读公司有关报告等，都属于违反了勤勉义务。

勤勉义务的发展：标准提高，范围扩展

多彻斯特财务公司诉其董事，董事疏忽大意，被判赔偿公司损失。这是英国 1977 年的一个判例。多彻斯特财务公司有 S、P 和 H 三名董事，但只有 S 全天候打理公司事务，P 和 H 是非执行董事，很少来公司。S 和 P 都具有会计师资格，H 具有丰富的会计经验但是没有会计师资格。基本案情是：S 让公司贷款给与其有关联关系的个人和公司。之所以能够这样做，是因为 P 和 H 应 S 的要求，签署了公司账户的空白支票。该贷款违反《贷款人法》，且没有足够的担保，以至于公司无法收回该贷款。公司提起诉讼，指控三名董事疏忽大意和滥用公司财产。法院判决，这三名董事均须赔偿公司的损失。S 作为执行董事严重疏忽大意，P 和 H 作为非执行董事在履行其职责时没有尽到应有的必要技能和审慎义务，尽管有证据证明他们是基于善意而行事的。从

该案可以看出，在法官看来，非执行董事不参加董事会，或对公司事务不闻不问，而只是依靠经理或其他高管的技能与勤勉，均属于不合理。

多彻斯特财务公司判例对非执行董事的勤勉义务适用了一个比以前更高的标准。在1925年的一个类似案例——城市衡平火灾保险公司案例中，董事会几乎将管理大权都交给了董事长，董事长有欺诈行为，但是法院并没有判定其他董事违反勤勉义务。判决该案的法官认为："①与可以合理期望的与其具有同等知识和经验的人相比，董事无须具有更高的技能；②董事无须对公司事务给予持续的关注，其义务是在定期董事会上履行职责，具有间歇性……他无须参加所有的董事会会议，但只要可以合理地认为他可以参加的，即应参加；③鉴于业务机会稍纵即逝以及章程细则之规定，其所有职责均可适当地托付给其他高管，只要没有可疑事由，董事托付高管诚实地履行职责是合理的。"

董事疏忽大意、违反勤勉义务，给公司带来损失要赔偿，给第三人带来损失也要赔偿，这在英国1989年的一个判例——托马斯·桑德斯合伙公司诉哈维中有明确的表现。原告为建筑师，承揽办公室室内修整工程，其工程内容之一是提高入口地板。被告是该工程分包商地板公司的董事。当问及其地板是否符合有关规格时，他书面确认说符合。但事实是该地板并不符合要求，该建筑师被最终用户请求赔偿。因地板公司已经清算，便要求被告赔偿。该请求得到法院支持，其理由便是董事的疏忽大意。尽管书面确认书是以公司名义发出的，但是被告是该领域的专家，在发出有关陈述时就应该承担审慎义务。他应该对其疏忽大意负责（本节案例资料摘编自丹尼斯·吉南《公司法》）。

提高董事勤勉职责标准也会带来一种风险：因缩小了可选董事范围而降低了公司治理的质量。不过，真正的危险只存在于董事责任的法律标准不清晰、法院判决行为不可把握或者存在腐败的情况中。

4. 董事的免责安全港：商业判断准则

董事违反忠实义务、谋求私利是无法免除其法律责任的，但是对于由于疏忽等原因带来的违反勤勉义务的问题，则有一些是可以免除责任的。否则，过于严格的勤勉义务标准可能会不利于公司吸引那些有能力、称职的人担任董事。同时由此导致董事行为过于保守，对于公司股东价值的最大化也会有不利影响。

注重决策过程而非结果的董事责任标准

董事最多也就是一些经验比较丰富的人，而不是神，因此不应当要求公司董事和高级主管能够保证事先预见到公司会面临的每一个危险，发现和解决公司存在的每一个潜在问题，防止和阻止公司的每一个可能的不正当行为。

商业判断准则为正常的商业决策提供一种保护，使其与那些董事持续渎职所作的决策相区别。商业判断准则的核心思想是，保护那些合理和信息充分的商业决策，不论事后的结果证明这些决策的对与错，以便激励风险承担和创新性的企业行为。通俗点说，就是公司治理的法律和责任追究规则上，“不以成败论英雄”。成败作为一种结果，都是公司股东要接受的——享有收益、承担风险。对于公司董事和高管，这种“结果”则是通过一系列的市场机制来发挥其激励与约束作用的。

商业判断准则为公司董事和高级主管提供了一个安全港，让他们能够在理性地相信是为公司的最佳利益行事的情况下，做出诚实、基于可靠信息的决策。这一准则通常“假定”董事和高管实施了恰当的行为，从而要求对此提出质疑的人提供证据，即起诉者负有证明董事或高管违反了勤勉义务的举证责任。

善意、无私利和知情决策

商业判断准则有三个关键的构成要件：①与该商业判

断的有关事项没有利益关系；②在当时情况下可以合理地相信所知悉的有关商业判断事项的范围是恰当的；③理性地相信该商业判断是为公司最佳利益而做出的。

根据商业判断准则，符合有关构件标准的商业判断，无论其最终执行的结果如何，都会受到法律的保护，董事无须承担个人赔偿责任。但是这里有一个前提条件，就是这首先必须得是一项“商业判断”，必须是运用了判断力的、一项自觉做出的商业决策。在没有明确地做出有关“商业决策”的情况下，“商业判断准则”是提供不了保护，并且也没有必要提供这种保护的。比如某位董事持续收到了财务报告但是没有阅读，从而导致公司财产被掠夺，或者董事没有为公司建立必要的审计监督程序，从而造成某位主管携公司资金潜逃等，都不能得到商业判断准则的保护。

善意即是出于公司的最佳利益和无利害关系，是两个相关联的商业判断准则适用的先决条件。如果一项商业决策被发现董事在其中有利害关系，“商业判断准则”则不再适用，此时“举证责任”将转移到该董事身上，他要证明该项交易对于公司是公平和合理的。

个人独断的拍脑袋决策是得不到商业判断准则保护的。只有知情决策，基于向董事会提交的解释性的报告而做出的决策，才能得到商业判断准则的保护。法院基于商业判断准则而不干涉商业判断，是假设当事人已经以合理的谨慎行使了判断。董事们要想得到商业判断准则的保护，就必须在做出一项决策之前，获得他们可以合理地相信可以获得的全部重要信息。公司董事会的决策不是作学术研究，不可能有十分充裕的时间并不计代价地获得全部信息后才决策。公司要在市场上竞争，很多商业决策必须在有限的时间内做出。因此商业判断准则允许董事在确定他应当在何种范围内知情时，将实际可利用的时间考虑在内。

获得多少信息才算是“可以合理性相信是可以获得的全部重要信息”呢？评判这一问题要考虑如下一些要素。①所做出商业决策的重要性；②决策所允许的收集信息的时间；③获得有关信息的费用；④董事对研究某一事项的人员及作介绍的人员的信任程度；⑤公司当时的业务状况及董事会需要注意的其他事宜。

专家董事要运用自己的专业判断

现代公司的规模和复杂性都迫使公司董事在很大程度上要依赖其他董事或高级主管、职员、专家以及董事会的专门委员会。除非存在可疑的情形或不同寻常的事实，使得不作进一步查证显得非常不合情理，董事和高级主管没有义务对他们所依赖的信息、报告、陈述等进行亲自调查和求证。

根据英美国家有关董事勤勉义务的法院判例，一般而言，在下述情况下，董事可以免于承担责任。在没有其他信息的情况下，董事可以假定经理人员和高级职员是忠诚的；如果董事是诚实地依赖由负责任的公司高级职员、顾问或者董事会的委员会准备的信息、意见、报告或者陈述，那他就可以不承担责任。但是，如果一位董事自身所拥有的对有关事务的专业知识足以使这种依赖成为不合理和没有根据的，那么该董事就不能被认为是在真诚地行事，也就是要承担责任。

这就是说，对于专家型董事和非专家型董事，在判别他们是否是在忠实合理地依赖公司高管和专家的标准上是有差异的。没有专业知识的人出任董事可以依赖专家，只要其行事的过程是忠实于公司的，则可以不承担责任。但是像律师、会计师和银行家等这样一些专业人士出任董事，则必须要运用自己的专业知识，如果他们也是不动脑筋地“依赖”公司高管和专家，没有发现作为一个专家应该能够发现的错误信息或建议，则要承担违反勤勉义务的法律责任。

忠实正直并没有严重疏忽的错误归市场管

缺乏对董事责任的追究，会阻碍董事和董事会在现代企业制度中的真正到位；缺乏经营判断准则的保护，使董事和董事会的权力受到随意干预，也同样会阻碍董事和董事会在现代企业制度中的真正到位。就董事的忠实义务、勤勉义务和经营判断准则的综合作用来看，我们可以将公司治理的基本法律根基概括如下。

法律创建了现代公司制企业，赋予股东有限责任的好处，赋予董事（董事会）管理公司的责任与权力。在严格追究董事的忠实和勤勉这两大义务的同时，也以经营判断准则对董事决策权力的行使提供了充分的保护。所有正常、合理范围内的商业决策都受到商业判断准则的保护。任何对董事所作决策的法律责任上的质疑，都不能根据该决策本身的质量和是非曲直以及决策带来的实际最终结果好坏来衡量。除非，这一决策事项带有欺诈、利益冲突或是非法的，或是达到了重大过失和重大疏忽的程度。

现代公司能够不受发起人、创始人和任一单一股东的控制，自由发展，依赖的就是来自董事（董事会）这种机制的推动。董事们责任大，权力同样大。只要目的正确，别犯程序性的错误，董事们可以放开手脚、敢作敢为，成败由市场评判、奖惩，不受法律上的处罚。

3

章

董事会的结构：独立与质量

1. 不同类型的董监事会模式
2. 董事会构成：重要的是质量
3. 通过新董事选聘改进董事会
4. 董事的资格、任期与报酬
5. 董事的关联度、代表性与过度制衡

有效公司治理结构需要法律保驾护航。但是遵纪守法可以保证你不犯错误，不能给你带来竞争优势。与法规相比，公司治理更是一个公司高层管理和领导问题。董事会是有效公司治理的关键环节，董事会要能代表股东及其他利益相关者，有效地发挥其监督和决策作用。

1. 不同类型的董监事会模式

在公司治理的“结构”层面或法律形式上，德国的双层董事会、英美的单层董事会、法国的单层或双层董事会选择权留给股东等，各国有所不同，但是就公司治理的功能，即公司的高层管理实践来看，各个国家之间是趋同的。

世界各国之间公司董事会采取的结构差异很大，大致上可以概括为三种主要类型：单层董事会制、纵向双会制和平行双会制。但无论采用什么样的结构，董事会都要做到如下三点：董事会要尽到其对公司及其所有股东的责任；公司管理要受到董事会的有效监督与指导；董事会要领导公司达到业经认可的公司战略目标。

单层董事会制

单层董事会制，即在股东大会和经理层之间，只有董事会这一个层级和一个机构。执行董事和非执行董事均由股东直接选举产生，二者被纳入单一结构里。所有董事都有平等的地位，共享集体决策的责任。由于设置了强有力的非执行董事，这一类型董事会可以负起广泛的职责。

股东大会选举董事组成董事会，董事会代表股东利益监控公司运作。但是董事会自身也可以实际执行管理职责。公司法的规定是“公司是由董事会或者在其指导之下进行管理的”。董事对股东负有勤勉和忠实两项基本义务。为了避免董事进行业务决策时对风险的过度规避，法律上设置了“商业判断准则”来保护董事。

单层董事会是目前世界大公司中的主流模式。这一模式存在于英国及其他受英国传统影响的国家。除德国、奥地利和荷兰之外，绝大多数的欧洲国家通常也是实行这种英美模式的单层董事会制度。

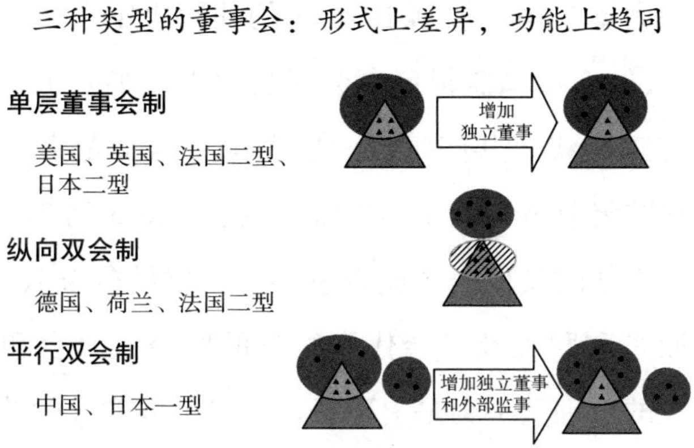

图 3-1　三种类型的董事会

纵向双会制

纵向双会制下监督功能和管理功能分设。监督董事会或者说“上层”，由股东选举产生，全部是非执行人员，一般主要关注于监督和指导公司管理层。管理董事会或者说“下层”，由执行人员组成，由上层的监督董事会选聘。该模式主要存在于欧洲大陆国家，如德国、奥地利和荷兰。法国和芬兰分为两种模式，大型公司多采用纵向双会制，中小型公司多采用单层董事会制。

最有代表性的纵向双会制是实行资本和劳动共同决策

制的德国大型公司。根据 1976 年的共同决定法案，员工超过 2000 人的企业，监督董事会成员要由一半股东代表和一半员工与工会代表共同组成。股东选举监督董事会中的股东代表和监督董事会的主席。监督董事会由 3 到 21 人组成。一人可以担任的其他公司监督董事会席位最多为 10 个。

由股东和职工及工会代表组成的监督董事会和由经理人员组成的管理董事会是上下级、领导与被领导的关系。在监督董事会上资方和劳方就会达成有关决议，下达到管理董事会（经理层）是一个统一的意志。管理董事会在监督董事会的领导和监督之下，全面负责执行活动。英美公司治理文献中称德国公司为双层董事会制度，决策、监督与执行完全分开。英美国家为了学习德国公司制度的这一优点而引入了独立董事制度，形成了单层董事会的二元化趋势。

纵向双会制的一个关键特征是上层的监督董事会拥有任命和撤换下层的管理董事会成员的权力，这使其与独立董事日益增多的单层董事会制之间在功能上是明显趋同的，而与下面的平行双会制中的监事会则有着本质上的不同。

纵向双会制中下层的管理董事会由首席执行官（主持会议）和执行经理层组成。管理董事会中，首席执行官和执行经理人员负有同样的职责，就是作为管理董事会成员在同一层次上监控公司的业务活动。这与一些单层董事会结构公司在董事会之下所设集团管理委员会是有所不同的。

平行双会制

平行双会制下也是监督功能和管理功能分设。“董事会”主要执行管理功能，同时负有对经理层的监控职能，与董事会地位平行的监事会没有管理功能，只是执行对董事会和经理层进行监督的功能。虽然这种平行双会制和上面的纵向双会制都可以归为双会制，但是二者之间有着本质性的不同。这里的监事会和董事会成员均由股东选举产生，地位平等，谁也不能撤换谁。中国属于这种类型。

日本有两种董事会类型。一种是“委员会制公司”，不设监事会，但要在董事会下设立由外部董事任职的审计、薪酬和提名等三个法定的董事会委员会，可以归为上面的单层董事会制。日本的委员会制公司董事会与欧美国家的单层董事会制之间的一个差异是，前者的审计、薪酬和提名等三个董事会委员会是公司法定机关，后者的所有董事会委员会均非公司法定机关，而是源于上市规则或者公司治理最佳实践的要求。

日本的传统型公司，要设立平行的董事会和监事会，属于平行双会制类型。这类与董事会平行设立监事会的日本公司董事会，与中国的平行双会制之间，也有一个差异，就是日本不要求这类公司董事会再设立法定的董事会委员会，尤其是不需要再设立董事会的审计委员会。这类公司的董事会委员会设立属于公司的自愿行为。

德国的员工代表进入监督董事会

德国实行共决制的企业主要是资合性质的股份有限公司和有限责任公司。这两类公司中最基础的决策机构都是股东大会或股东会，在这个层面上并没有设立员工的参与通道，员工参与共决的是下一个层面——监督董事会。

德国的监督董事会或有简单译作监事会的，实际就是英美公司中的董事会。监督董事会成员任命和考核下一层的管理董事会或说是经理层的成员。员工代表进入监督董事会，也就有了与其他监督董事会成员一样的任命和考核公司管理董事会和经理层人员的权利。

德国的员工代表进入监督董事会，有三种类型或说三种模式。

第一种模式是雇员超过 2000 人的资合公司实行的“对等”模式，监督董事会成员中股东代表和员工代表要各占一半，但主席要由资方人员担任。这种模式下，如果监督董事会表决出现僵局，将进行第二轮投票，而第二轮投票时，主席拥有两票，这使资方还是拥有实际上更大一些的权利。

第二种是在矿山和钢铁企业中实行的“对等加一”模式，监督董事会由同等人数股东代表和员工代表，外加一位中立人士组成。如果双方不能就这位中立人士的人选达成一致意见，其最终的决定权还是在公司股东大会，因此一般情况下雇员方会妥协。

第三种是在 500 人到 2000 人之间的资合公司中实行的“三分之一”模式，雇员方有权决定三分之一的监督董事会席位，监督董事会成员人数要是 3 的倍数。

除上述三种有雇员参与监督董事会的公司之外，雇员人数在 500 人以下的企业，不需要有雇员参与公司监督董事会，可谓是德国第四种类型的公司监督董事会。这类公司数量最多。

此外，德国还有一种“倾向性企业”，无需雇员参与监督董事会。所谓倾向性企业，是指那些其宗旨为政治、宗教、教育、慈善、科学、艺术等的企业，包括“报道和表达意见为目的”的企业，如新闻企业等。

中国公司的监事会

监事会是中国公司必须设立的公司监督机关，承担很多在英美单层董事会制度下董事会审计委员会的职能。中国公司在内部监控制度建设方面，要协调好监事会和董事会审计委员会之间的职责分工。

将管理决策权力和监督检查权力分立，在股东会之下平行设立负责管理公司的董事会和负责监察公司运作的监事会，是一种现代外部审计制度没有得到充分发展之前的早期制度安排。如英国东印度公司，在由股东选出的 19 人组成的董事会负责管理公司的同时，另外由股东选出了 7 人组成监察人委员会。但是，随着现代公司法和公司制企业的发展，英美国家发展出了一套成熟的外部审计制度，早期的公司监察人角色演变为公司内部的董事会审计委员会和公司外部的会计师事务所审计制度。

中国公司法延续了早期公司的“董事会—监事会”平行设置做法，同时又引入了董事会审计委员会和公司外部的会计师事务所审计制度，这在制度设计上就导致了董事会审计委员会与公司监事会之间的职责冲突。相比之下，日本的公司治理改革中，通过允许公司自主选择采用新型的委员会制公司形式（通过设立外部董事为主的董事会审计委员会，废除公司监事制度），或者保留传统的董事会和监事制度并存的公司形式（需要引入外部监事），有效解决了这一问题。

监事会是中国公司机关中地位比较尴尬的一个机构。董事会得到股东大会的授权任命经理人员、管理公司事务，自然负有不可推卸的监督和控制经理人员行为的职责，监事会的监督职责就显得有些空洞。引进独立董事制度，明确地将一些具体的监督职责赋予了独立董事之后，监事会对于经理层的监督和作用空间更少了。监事会监督董事会这一职责，一直就是有名无实。监事会作为董事会的平级机构，并没有任命、考评董事行为的权力。实际运作中，监事会人员的配备往往又低于董事会，监事的个人地位和影响力都相对小于董事，使其更难以实际发挥有效作用。

与董事会平行设置的监事会作为中国公司特有的内部监督机构，在引进了董事会下设审计委员会制度之后，如何有效地发挥作用，是中国公司一直在自己摸索的一个问题。监事会要避免成为摆设，又要避免与董事会的审计委员会发生职责冲突。监事会逐步从内部人员为主，转变为外部人员为主，是近年来中国公司中普遍出现的一个趋势。

监事会与董事会面临着同样的一个“信息与独立性”矛盾，外部监事和外部董事有独立性，但是信息不充分，内部监事和内部董事信息充分但是没有独立性。为了提高公司董事会和监事会的独立性，需要提高公司董事会和监事会成员所能享有的信息质量，而这与公司财务、审计以至整个内控制度的完善都密切相关。

2. 董事会构成：重要的是质量

现代公司取得成功有两个关键点。①任命具有竞争力并能协同工作的董事会成员和高级执行层人员，建立起董事会和其高级管理人员之间的合作伙伴关系——董事会提供监督和指导，经理层负责日常运营。②董事会要能协同工作，避免部门或个人利益导致董事会分裂和不能正常运转，不能由一个人或者特殊的利益集团占主导，阻碍健康的讨论。董事会中执行董事、非执行董事和独立董事的比例合适，是达到这一目标的重要环节。

执行董事、非执行董事和独立董事：一个整体

董事会是全体董事作为一个整体发挥作用，执行董事

和外部董事一样承担董事的职责。

董事是随公司制企业一同诞生的，已经有几百年的历史。但是外部董事，尤其是独立董事，作为一个发达国家公司股权高度分散之后，增强董事会相对于经理层的独立性而普及开来的做法，只是最近几十年的事情。

董事会人数对董事会的工作效率影响很大，技能需求和团体动力是决定董事会规模的两个考虑因素。成员太多使董事会行动迟缓，容易出现分歧，形成小帮派，影响共同意志的形成。成员太少，又难以形成合理的知识、能力和经验结构。董事会人数与公司规模及行业相关，规模大和业务种类繁多的公司董事会成员比较多，金融类公司的董事会成员也较多。

发达国家倾向于完全由公司自己决定董事会规模。公司法往往只是规定“不少于1人”或者是“不少于2人”。中国公司法对不同类型公司的董事会人数做出了不同的范围规定。股东人数比较少、公司规模比较小的公司可以不设董事会，指定1名“执行董事”担负“董事会”的职责。有限责任公司董事会人数要在3到13人之间，国有独资有限责任公司董事会人数要不少于5人，股份有限公司董事会人数要在5到19人之间。

公司董事会要定期评估其自身规模，并决定一个能最有效适应未来运作需要的规模。在大多数情况下董事会成员不宜超过 11 人。

董事会的人数最好是单数。双数董事会下，简单多数同意通过类的决策，容易出现投票僵局（赞成票与反对票数量一样）。

解决这种双数董事会投票僵局的办法大致有三类。一是将问题提交股东会审议批准，这样操作增加决策成本，同时也相对削弱了董事会的权力空间；二是董事长多一票，这样操作增加了董事长角色的重要性，相对削弱了普通董事的权力空间；三是暂缓决策，进一步研究之后再讨论，这样做增强了董事们“意见一致化”的重要性，等于是“明显多数同意”才能通过。第一情况提升了股东会的权力空间，第二种情况提升了董事长个人的权力空间，第三种则会提升经理层的权力空间（因为会更依赖经理层所补充的信息，也往往会更多地向经理层授权）。

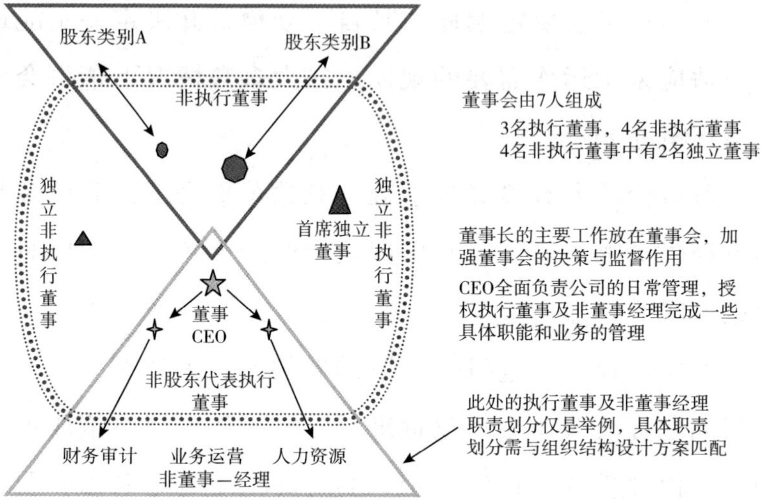

图 3-2　董事会的构成示例

独立董事的价值：无关联、不拿报酬好吗

无论董事会采取什么样的正式结构，都应该有足够的独立董事，给董事会带来客观的观点。仅有非执行董事是不够的，非执行董事——不是经理层人员，不介入公司的日常运营活动，可能与公司有生意或其他联系，使他们不能客观和独立。

董事的最大美德是独立，从一个完全自由和客观的角度挑战管理决策、估价公司绩效。与独立董事人数相比，更为重要的是独立董事的经验和质量。高质量独立董事有利于公司获取资本，因为多数投资者会因其利益有人维护而感到安全。独立董事不应该被看作是监管者或者警察，执行层的每一决策都需要他们的批准。他们通常作为整体股东利益的监护人，特别是在有潜在利益冲突的领域，如薪酬和公司控制权变革等。

独立董事通过带来有价值的外部视野，能为决策制定增加价值。要有效地做出贡献，独立董事必须具有充分的财务和业务信息。特别是在董事会的如下诸多议题中，独立董事能够增加重要意见：①在有关战略的争论中提供不同的、外部的观点；②与业务各方面有关的政策制定与实施；③首席执行官的任命、薪酬和免职；④质疑预算和计划所依赖的假设；⑤会计政策的选择和所有对外发布财务报告的评估和批准。

关联不关联本身跟独立董事身份没有关系。公司治理上，董事的关联和独立与否，都不是绝对和纯粹的，也不是一个理论概念，而是相对的和实践性的概念。回避相关董事会会议中的关联，是就具体议案和事项而言的，跟他是否是独立董事无关。与独立董事身份有关的关联，通常的判定标准是，在董事会看来，这种关联关系是否足以影响其在董事会上作出独立判断。就中国上市公司来说，中国证监会有具体的独立董事标准，符合那些标准，并且公司董事会没有自己给出一些其他条件，他就是符合规则的独立董事。

独立董事拿不拿报酬，跟其独立性和独立董事身份，及其作为公司董事的义务和权利等，也都没有关系。如果既没有任何关联，也不拿报酬，没有任何利益，那可真是“独立”了，但是那样的话，也就没有任何动力了。如果是这种情况，还凭什么让其承担作为董事的义务，又凭什么让其费心费力费时地为公司作决策？另一方面，从公司股东的角度看，作为一个理性的人，会放心把自己的财产交给一个既无关联又无利益的毫不相关的人来打理吗？

独立董事制度的正确定位

起源于英美国家的独立董事制度，是公司出于融资需要和管理需要，在单层董事会中引进德国等双层董事会的内部制衡机制和提高董事会的战略领导能力，而先自发行为，后逐步推广开来的。通过独立董事及由独立董事组成的审计、薪酬和提名等委员会达到单层董事会二元化、引入内部制约的目的。

提高独立董事比例是提高董事会独立性和效率的手段之一。全体董事都要有独立的责任，公司董事会不仅要对股东会负责，还要考虑员工、监管机构等各种利益相关者的利益。是全体董事作为一个集体受托经营公司，因此董事会成员的相对稳定和适当更新与轮换，是改善公司治理质量的一个重要方面。

外部董事总是难以足够了解公司业务而实际发挥作用，内部董事则总是因为太了解了而无法独立。所以要通过一个董事会的系统设计来提高董事会的独立性和有效性。从董事会的规模、构成、委员会设置、董事的选聘和轮换、会议的有效举行等多个方面来改进董事会治理质量。有的要在公司章程中明确下来，如独立董事的条件，正式董事会会议和临时董事会会议的法定人数和有效决议人数等。但是更多的是形成一种公司董事会管理的惯例，各个公司会因其业务规模、所处行业和成长阶段不同而不同。比如纳斯达克上市的公司平均董事会人数要比纽约交易所上市公司董事会人数少，内部董事比例更高，这是由其公司的高技术和成长性以及竞争环境变化快等原因决定的。

中国赋予独立董事的职责很重，可以聘请的独立董事范围则受到严格限制，实际出任独立董事的往往多是一些学者。但是中国商业运作的不透明和高度不确定性，导致中国没有企业实务经验的学者，没有足够的商业判断能力，很容易被空置、利用，甚至被操纵。美国公司的独立董事中，一半以上的人是其他公司的首席执行官等企业人士，然后是中介机构的专业人士，最后才是一到两名大学教授。独立董事不仅肩负“看家狗”的监督职责，还要能够为上市公司董事会增加价值。而且，即使只是完成好监督职责，也要具有相当的商业经验才行。

任何一种具体的制度安排都要得到人们的充分理解并和有关方面匹配才能真正起到作用。增加独立董事对于改进公司治理质量有积极作用，但是更重要的是提高整个董事会的质量。在赋予独立董事额外职责之前，要首先让执行董事们真正对全体股东以及整个公司负起责任来。立法上对所有董事作为一个集体负责的要求以及执法上的真正落实是一方面，管理上培育全体董事的职责意识也是一个重要的方面。改制而来的公司董事把董事长看作是领导，多元股权的公司董事则只想着自己所代表的股东等传统观念不改变，导致董事会中形不成合作的局面，公司董事甚至就没有公司要各方合作共赢的意识。

3. 通过新董事选聘改进董事会

在以董事会为中心的公司治理模式中，董事会是个可以自我延续的公司控制机构，没有任何一个股东或是外部监管机构可以干预董事会按公司治理原则进行的权力行使和正常运作。

该进行换届选举的时候，董事会就应该并且完全可以根据当时的情势和公司需要，向股东大会提出公司新任董事人选，提交股东大会选举产生新一届董事会。不能因为任何一个或一方股东（即使是公司第一大股东）方面的股份投票权资格和提名董事任职资格等问题而影响公司董事选举程序的正常进行。

如果公司章程没有规定对公司董事进行分类，在主要几个大股东之间分配董事提名名额，那么某一位股东没有推荐出来合适和具备任职资格的董事，或者因各种原因而没有到会投票或是投票资格存疑等，并不能影响其他到会和具有投票资格的股东投票选举产生全部的新任公司董事。

董事提名程序与选聘标准

新董事筛选是公司更新和变革过程的关键部分之一。它开始于提出新董事需求，直到新董事选举出来，并有效地与整个董事会融为一个致力创造股东价值的整体才算结束。

公司董事任命规则是公司股东大会上由股东按股份投票权投票选举产生公司董事。董事提名规则是公司董事会和持股一定比例以上的公司股东共同拥有。提名董事人数可以多于要由股东大会选举产生的实际董事人数。最后当选者是在得票过半数的候选人中按得票比例从高到低确定。

为了确保董事会质量，需要建立规范的董事选聘与轮换制度，以确保不断有新生力量进入董事会。董事选择要以技能、贡献和为董事会增加价值为标准，要能扩展董事会的技能和背景，保证董事会具备与公司战略和业务目标相匹配的实践经验。

提名与治理委员会和董事会一起，制定董事会成员标准，选聘有专业技能和团队精神的人员组成董事会。根据每年的情况以及当前董事会的组成情况，对董事会成员所应具备的技能和品质进行评估。评估的标准包括专业领域的差异性、年龄、技能和独立性等。

提名与治理委员会负责初选，根据公司董事会提名准则和公司董事会构成与多样性及新董事应该具备的专业背景等需要来选择董事候选人，但由董事会负责董事候选人的最终确定。邀请某人加入董事会的邀请书应由董事会发出，或由提名与治理委员会主席发出。

公司和董事会要为新选入的董事提供机会熟悉公司情况，包括背景材料、会见公司高级管理人员以及参观公司等。

当董事会席位出现空缺的时候，发现一位经验和技能都合适的新董事并不是一件容易的事。遵循以下五个步骤进行董事提名工作，对于确保董事提名工作质量会很有帮助。

步骤 1——当前董事会分析与观察：评估每位董事的背景、经验和技能，开发分析和总结这些信息的标板；对董事会构成进行具体的观测，如产业知识、金融知识、区域代表性、国际经验等。

步骤 2——公司战略和经营观察：评估公司的战略和经营目标，识别其对当前董事会构成的含义。

步骤 3——董事会构成目标：识别当前董事会构成和公司战略及业务要求之间的差距（如具体某个市场的知识），开发出具体的董事会未来构成目标。

步骤 4——新董事标准：开发出新董事标准，要能补充和协助董事会完成职责。

步骤 5——搜索、面试和提名：可以聘请猎头企业帮助寻找候选人；发现候选人后，要尽可能多地请公司独立董事面试董事候选人，然后由提名与治理委员会中独立董事的多数同意确定候选人的正式提名。

选聘董事的5条指导原则

董事会的工作变得越来越复杂和需要时间，拥有经验和时间的董事变得难于寻找。最大的挑战是拥有智慧、勇气和才能去进行适宜的改变，以满足股东和雇员的期望。

（1）以每个董事的能力和知识为基础建构董事会

因为现代商业的复杂性，导致任何一个个人甚至是一个小的团队，都不可能非常熟悉董事会所面临的所有方面的问题。但是董事会要对所有这些问题进行明智的讨论，并提出指引。这就需要以每个董事能够带来的能力和知识为基础建构董事会，以使董事会作为一个整体具备领导和管理公司所需要的广泛的专业技能。

要通盘考虑每一位董事的专业和知识背景，使董事会作为一个整体拥有理解整个产业、进行公司治理以及对组织的设计和管理做出贡献和把握公司经营的能力。要识别所需要的知识领域，包括经营战略、管理人员开发、技术、组织设计、变革管理、财务、政府事务、经济法和国际经验等。可以采用专业矩阵——董事会成员在一个轴，关键的专业知识领域在另一个轴——方法来思考这一问题。画出这一矩阵之后，可以很快发现董事会的专业才能缺口，据此指导董事选聘。

（2）确保董事会成员之间的适当平衡

选择董事会成员时，至少考虑有一位类似规模公司的前任首席执行官，他可以为公司提供最为接近本公司具体情况的经验支持。还要选择一位非常了解公司关键利益相关者情况的董事，包括投资者、供应商、公众和政府。在有员工持股的公司，从普通员工中挑选一位成员进入董事会，他既作为一个重要的利益相关者集团的代表，也是董事会和员工股东之间的一个联系渠道。

（3）确保拥有足够数量的独立董事

独立的董事会成员可以更好地做出有关经理人员薪酬等困难决策，更客观地进行高层经理人员的评估和任命，挑战公司的战略设想以及处理一些违规和业绩不良行为等。独立董事不能是在没有其他外部董事参与情况下由首席执行官独自挑选的。

（4）董事会成员应投入更多时间

董事会成员们往往在多个董事会服务，结果是没有足够的时间尽到职责，在出现危机事件需要大力投入时更是难以做到。应该只挑选那些能够切实为董事会提供服务的人员做董事。应该定期地对董事会成员资格进行审查，尤其是在他们的工作情况发生改变后。兼任董事会职务的数量最好不要超过三家。

（5）注意董事背景的多样化

建立一个背景多样化的董事会，可以提高董事会决策的质量，避免"思维共振"的风险。具有不同年龄、才能和背景的人在一起高效地工作，可以提出不同的有用观点和看法，以促进公司发展。

最为重要的是董事会成员来源的国际化。公司通过下属机构，合资企业，或者互联网络，持续增加跨国经营，满足其他国家消费者的需求。富有国际经验的人士能够帮助董事会更好地理解其运营所在国家的商业和社会文化，并且有利于这些公司在国际市场上融资。

中国公司董事背景多样化的一个重要方面是地域背景和体制背景多样化。面对全球市场和全国投资者的公司，董事会中不应该全是一个局部区域的人。体制背景多样化就是在董事会层面实现具有国有、民营和外资三种不同企业管理经验的人之间的融合和取长补短。

4. 董事的资格、任期与报酬

董事会成员的多数要是非执行董事。非执行董事会成员可以服务于其他公司的董事会，从事其他事务，但是满足下列条件：不能产生实际或潜在的实质利益冲突，不能影响其作为董事履行职责的能力。执行董事不许在公司之外的任何公司担任执行或非执行董事，除非得到董事会的明确批准。

董事的资格与任期

历史上曾经有资格股的规定，就是一定要持有公司股份的人才能担当董事职务。但是现代公司法基本上都取消了这一规定，把具体规定董事资格的权力交给了公司股东。

如美国特拉华州普通公司法第 141 节，特别强调了“董事不必也是股东，除非在组成公司证明文件（注册章程）中或在组织细则（管理章程）中有此规定。该证明文件或细则可以为董事规定其他资格条件”。中国公司法也没有要求董事持有股份，只是作了消极资格方面的规定，如无民事行为能力的人不能担任董事等。

对董事的任期进行限制有助于董事会吸纳新董事和获得新的想法与观点，给董事会带来新的活力。但同时又会蒙受失去老董事的损失，老董事通过长期的工作，对公司的情况及运作已相当熟悉，能够为董事会作出越来越巨大的贡献。

发达国家一般没有国家统一的任期和退休年龄等规定。著名公司的实际运作中，一般都有具体的退休政策，但较少有硬性的任期限制。

通常的董事退休政策是，非执行董事在年满 70 岁那年的股东大会召开日退休。特殊情况下，董事会可以提名一位将满 70 岁的董事再当选为最多三年的一届任期。董事会做出这一例外安排时，要向股东大会做出原因解释。执行董事在年满 60 岁那年的股东大会日期退休。董事会可以做出例外安排，推迟执行董事的退休日期，但不能超过年满

65 岁的那个月底。

有些公司规定单个董事最多可以连续任职 12 年。为了公司的利益，特殊情况下，经董事会批准可以例外，但要向股东大会解释这一例外的理由。

为了弥补无董事任期限制的不足，公司董事会可以每隔几年对每位董事的续任权作出评估，这也为证明每位董事作为董事会成员的必要性提供了机会。

中国公司法规定董事任期每届三年，任期届满可以连选连任。既然可以连选连任，并且也没有连选连任的期数限制，三年任期的概念也就没有什么实际意义了，还不如像国外公司那样，每年股东大会都选举一次董事。这样也就不存在中国公司中时常会出现的所谓董事会“超期服役”的问题了。

为了加强公司治理，尤其是加强年度股东大会对董事会的制约力度，公司可以通过章程规定董事每年选举一次，形象地说就是每年要“全体起立”一次，股东们没有异议，重新选举通过了之后再坐下，“重新上岗”。但为了保证平稳过渡和董事会运作的连续性，也可以安排每年大约三分之一的董事任职到期，重新选举。

在董事会成员任期未到辞职或其他原因导致董事会成

员空缺的情况下，国外公司可以由余下董事会成员任命一位新董事会成员替补，该任命将由下一次股东大会进行确认。中国公司是需要续任董事到位后前任董事的辞职才能生效，这是给董事辞职设置了不必要的障碍。另一方面，如果是不可抗力导致某位董事不能履职怎么办？最好还是引入国外公司这种由余下董事任命替补董事的做法比较好。

还有一个问题是，对执行董事的经理职务和董事职务之间关系的处理。采用“辞去经理职务可以仍然做董事，辞去董事职务也可以仍然做经理”的处理原则，有利于董事会和经理层各自人员的稳定性，对明确划分董事会和经理层的职责也有益处。

分类董事制度

在公司治理基本规则上，所有董事之间的权利和义务都是一样的。但是为了增强公司自治，提高适应性，特别是为了不同类型公司股东能够在公司治理上发挥出不同的作用，发达国家公司法允许公司设立分类董事制度，将董事会成员分成类别，赋予其不同的身份属性，给予不同的任期以至不同的法定权利。常见的两种分类方法是，按董事任职期限分类和按股东或股份类别分类。

按董事任职期限分类，就是把公司董事分为三组，任职到期时间错开，年度股东大会不能将现任董事全部换掉，只能换掉三分之一任期届满的董事。这种安排的主要含义是对付并购威胁，在有新大股东出现的情况下也可以保持董事会层面上公司控制权的相对稳定。

按股东或股份类别分类，是在公司具有明显不同利益诉求的类别股东时采用的方法，就是公司在其章程中，对于公司某个类别的股票，给予其持有人选出确定数量的董事，并可以给予这类董事不同于普通董事的投票权力（多于 1 票或者少于 1 票）。对按股东或股份类别进行分类的董事，提名、聘任和解聘均需该类别股东或股份决定，在其任职未到期之前解聘需要理由，而不是像普通董事那样，股东可以在股东会议上以“多数同意”原则而无需具体理由解聘。

建立分类董事会可以是避免大股东操控董事会的一个重要方法，也可以被作为防止并购的手段。因为并购者即使持有了控制性的股份数额，也不能马上控制董事会。在新近兴起的公司治理运动中，机构投资者反对公司分类董事设置，因为股权分散公司的首席执行官，可以凭借分类董事降低公司控制权市场对他们职位的威胁。

在中国一股独大、公司控制权市场有待发展、并购还没有成为一种有效公司治理手段的情况下，分类董事对于提高董事会的独立性有其积极意义。还可以在董事选举上对超过多少比例的股份的投票权作出限制，可以规定比如三分之一的董事席位必须由持股份额在某个比例以下的股东来选举等。

董事报酬

董事薪酬通常就是指外部董事报酬。内部董事已经有了作为执行经理层的报酬，不再有作为董事的额外报酬。

董事会薪酬委员会负责公司董事的报酬计划，报经董事会同意并提交股东大会审议通过后实施。

（1）董事报酬的构成与董事持股

董事报酬一般由如下四个部分构成。一是对其为董事会和董事会委员会提供服务所给予的年费；二是对参加董事会和委员会会议给予的会议费；三是给予董事会主席和委员会主席的额外报酬；四是股票期权或者股票奖励形式的股权类报酬，如股票授予、延迟股票或者受限股票等。

为了提高董事和股东之间的利益一致性，出现了日益增强的要求董事持股的趋势。董事所有权指导原则和股份维持准则是最主要的两种方式。所有权指导原则通常要求董事累积和保持一定数量的公司股票，典型做法是按董事年费的一个倍数来确定。股份维持准则通常采用的方式是对董事们已获奖励的股票和延迟股票单元规定一个强制性的最低持有期限。

（2）董事薪酬发展的两个基本趋势

① 董事报酬随其责任提高同步提高，并在构成上适时调整。

加强公司治理，提高董事责任，需要同步提高董事报酬，并要适时检讨其构成是否合理。为了应对新的公司治理规则和监管要求，董事会的一些委员会，尤其是主席，要投入更多的时间，完成更多的工作。审计委员会主席、首席独立董事/领导董事、薪酬委员会主席、提名/治理委员会主席等应该得到额外报酬。

② 以其他可比公司董事收入为基础确定董事薪酬，并与股东价值的变化挂钩。

确定董事薪酬的一个有效方法是，以可比公司支付给董事多少为起点，如果公司业绩更好，可以支付更多。董事薪酬计划应该是一个与可比公司相比的基于业绩的弹性计划。确保股东利益和董事会成员想法及行动一致的最好做法是将董事薪酬的绝大部分与股东价值挂钩。

（3）对离任和解聘董事的报酬处理

薪酬委员会应考虑董事一旦被解聘（特别是对于那些不称职的董事），以何种方式给予其补偿，这些都应在聘约中予以明确。在合法的限度内，应根据情况采取不同的方法来解聘董事。董事会的目的应该是既避免给予平庸的人以奖励，又能平等地对待那些出于其他原因而提前离任的董事。

薪酬委员会应明确规定给予业绩平庸的被解聘董事多少补偿金，给予提前离任的董事多少补偿金。给予后者的补偿金中已按比例扣除了他若在别处继续工作所能得到的收入。在允许的情况下，公司可以考虑分期支付补偿金而不是一次性付清。当先前的董事又有新的工作时应考虑减少或停止付给补偿金。

5. 董事的关联度、代表性与过度制衡

董事与股东单位、公司管理层关联度太高

中国公司的董事与股东单位联系密切，很大部分董事都来自大股东单位，董事会运作的大股东控制程度极高。中国公司的董事与公司管理层也联系密切，甚至可以说是密不可分。董事和管理层高度重合，绝大多数董事是管理层人员，甚至是下属分公司和子公司的经理。这可能是因为社会的信任程度和法治化程度都比较低，公司总部对分公司、子公司和业务部门的控制是一个难题。

由于还没有进入到能够进行战略管理——公司总部可以对各个业务部门的资源进行统一的调配，对整个公司的战

略和各个业务部门的竞争战略进行有效协调——的阶段，分公司、子公司和业务部门均有自立山头的倾向。派遣董事任重要分公司、子公司和业务部门的经理（实际情况也包括重要分公司、子公司的经理被“提拔”为董事），有利于董事会对这些重要业务部门的了解和控制（或者反过来这些重要业务部门的经理也能够利用其董事身份来加强自己部门的独立性）。

在外部董事的来源上，眼界应该更放开一些，搜索面应该更广一些。很多人说，我们缺乏合格的外部董事人才，没有一个成熟的外部董事市场，因此无法建立起主要由外部董事组成的有效的董事会。其实这句话等于是什么都没说。“成熟的外部董事市场”和“有效的主要由外部董事构成的董事会”之间，不过是一个鸡和蛋的关系。你不建立外部人员为主、并让其发挥实际作用的董事会，自然也就没有“合格的外部董事人才”，更谈不上“成熟的外部董事市场”了。

代表性董事会泛滥

董事会构建上，从公司法、监管规则到实际运作的各个层面，都在把“代表性董事会”——董事会中要有各个方面的代表，各利益相关方要在董事会中形成制衡关系——当作正确和规范的董事会来追求。公司法中是董事会要有职工代表，监管规则上是安排独立董事代表中小股东利益，实际运作中是大股东们按股权比例分配董事会席位。

这种代表性董事会制度安排，削弱了董事会的整体性，结果是董事会战略决策职能的缺失，董事会变成了一个各方面进行谈判和利益博弈的场所。在股权集中度很高、股东人数不多的公司里，这种代表性董事会的负面影响也许不是很大，因为这种公司的主要战略决策（比如公司从事什么业务的决策）职能还是由股东来承担的。但是在上市公司中，即使股权集中度还很高、大股东持股比例在50%以上，但是股东人数已经很多，公司性质上已经完全属于公众公司，代表性董事会的负面影响就很大了。缺乏董事会作为一个整体对全体股东及整个公司（其他利益相关者）的承担受托责任的概念，导致上市公司的独立性和独立发展空间都受到限制，只是被其母公司作为融资工具。

公司必须按照规范的董事提名程序进行董事候选人提

名，由股东会选举。一旦当选，权利和义务就都是一样的。无论是中小股东、公司员工还是公司债权人，哪个方面的利益受到侵犯，都是所有董事共同承担法律责任。要通过严格和强力的对所有董事的法律责任追究，来阻吓董事权力行使中的偏袒行为。尽管这是一种事后性的追究，但却是我们唯一可以选择的方式。

企图通过代表性的董事会构成安排来事前制衡董事权力行使中的偏袒行为，实际是得不偿失的。一方面这些“代表”很容易被收买，未必真能“代表”，使这种安排所希望有的“得”未必能够实现。另一方面，这样做导致了董事会制度功能上的本末倒置，失去了董事会作为公司制企业实现“集中管理”的工具的价值，得到了一个吵架而不是一个理性地讨论、分析问题和战略决策的董事会。

内部制衡太多，变成掣肘

在缺乏外部的法律救济措施的情况下，过于强调现代公司组织内部的制衡关系。中国公司组织的内部制衡机制可能是世界上最多的。中国已经把主要发达国家所有的各种各样的公司内部制衡机制全部搬过来了，同时还保留着我们自身所特有的一套内部制衡体系。

德国的公司内部制衡就是上层的监督董事会和下层的管理董事会分开，同时上层的监督董事会中有股东和员工两方面的代表。日本传统的公司形式中有一套与董事会平行的监事制度，中国搬来了，公司设置一个与董事会平行的监事会，董事会（国有必须，非国有不必须）和监事会（国有和非国有均必须）中都有员工代表。

美国的主流模式是董事长兼任首席执行官，但是强调董事会的独立性和独立董事任职的董事会审计、薪酬和提名等委员会。中国引进了独立董事制度和独立董事任职的董事会委员会，并且额外给独立董事赋予了更多的职责。英国和日本的普遍情况是董事长和首席执行官分任，中国也学来了，非常强调董事长和总经理要分任。

公司组织内部制衡机制上，世界上有的我们全有了，我们还有自己独特的一套纪检监察系统，以及企业内部工会制度和职工代表大会制度。这么多的内部制衡机制是不是有效地防止了公司的不良行为？答案是否定的。中国公司中，内部人控制的泛滥，董事和高管的忠实和勤勉义务的缺乏，是普遍现象。

企业还是要以发展为主要目标，企业内部制衡机制不仅不是越多越好，反而可能是越多越乱，制衡变成了掣肘。内部制衡要以精良和有效为目的，真正管用的方法一种就好。同时，我们更不能企图以内部的制衡机制替代外部法律上的责任追究体系。

4

章

战略性董事会的构造与职责发挥

1. 为什么要构建一个战略性的董事会
2. 如何构建一个战略性的董事会
3. 战略性董事会的职责发挥：关键环节
4. 战略性董事会之下的首席执行官
5. 战略性董事会与公司的企业家精神

除公司法和公司章程规定由股东决策的事项之外，董事会是公司的最高决策机构。董事会的基本职责是为公司提供战略指导和监督公司的事务。董事会的主要战略关注点是业务发展和风险管理，以及保证公司具有最适宜达到这一战略目标的领导力。为此，董事会要定期举行战略会议，评估公司的市场定位和业务战略，以首席执行官的建议为基础，讨论战略方案并决定战略，在首席执行官的领导下来执行。

1. 为什么要构建一个战略性的董事会

大多数公司的失败都可归因于战略方向、管理和监督方面的失误和失效。要改变这种状态和避免这种厄运，一个人专断的凭感觉的战略决策方式必须让位于依靠董事会集体智慧的民主的战略计划过程。

企业领航人：董事会的两大职责与四项任务

董事会的根本职责是确保公司经营方向和公司管理政策与股东的利益一致，要以长期股东价值最大化为基本目标。这可以通过为公司的利益相关者——顾客，雇员，投资者，供应商和公司经营地或住所地的社区创造更大的价值来实现；这又要公司通过长期集中发展一项成功的业务和通过获得最大的财务回报来实现。

据研究，在全部的公司价值损失中，只有很小比例是由于违规或董事会监督失败所造成的，近九成是由于公司战略或者运营失误导致的。我们需要回归到“董事”二字的本来含义上来恰当地理解董事职责与董事会。

法律规定的董事会职责和董事义务只是有效董事会的一个起点，实际运作中的董事会，具体要完成哪些任务，这是一个管理学和公司治理实践的问题。

专栏4-1　“董事”的含义

“董”之说文解字

1. 监督——董之用威。出自《尚书·大禹谟》。

2. 正、修正、管理——董道，正其道，董，正也。出自屈原《楚辞·九章·涉江》。

3. 深藏、资历老道——董谓深藏，“年六十以上气当大董”，出自《史记·扁鹊仓公列传》。

董事的英文——director，就是导师，就是指引方向的人。

董事的日文——取缔役，取缔——管理、管制，役——官员、官吏。

鲍勃·特里克在1980年提出了一个经典的董事会角色模型（鲍勃·特里克，1997），董事会的职责包括确保规范和取得业绩两大领域。为了确保规范，董事会要完成责任和监督两项任务。为了取得业绩，董事会要完成战略和政策两项任务。

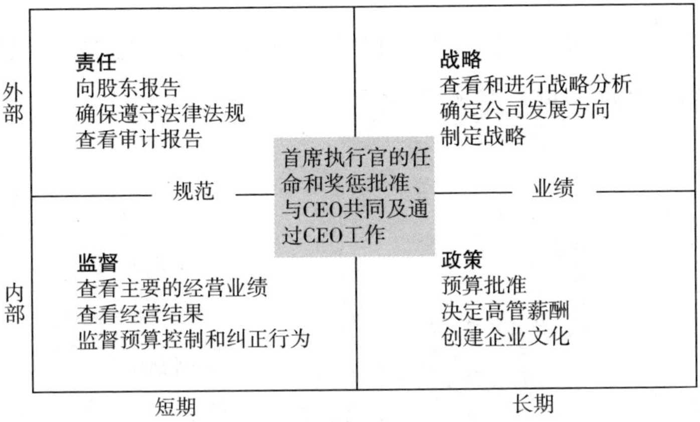

图4-1　经典的董事会角色模型（Tricker1980）

到了21世纪，随着公司治理运动的展开，以及新的管理理论的发展，有关董事会任务的主流观点也发生了一些变化，融入了一些新的理念和观点。比较有代表性的模型是鲍勃·加勒特于2003年在其《鱼从头烂——剖析企业“大脑”的困境，培训新一代高质、有效的企业领航人》一书中提出的学习型董事会模型（鲍勃·加勒特，2005b），引入了很多新的要素和指标。

经典董事会模型非常强调董事会要选好、管好首席执行官，董事会要通过批准、与首席执行官共同及通过首席执行官来完成其职责。学习型董事会模型更为强调董事会的积极主动和主导性，把董事会看作公司的商业大脑。学习型董事会模型把董事会的任务分为责任、监督管理层、政策制定和远见、战略思考等四个大项。

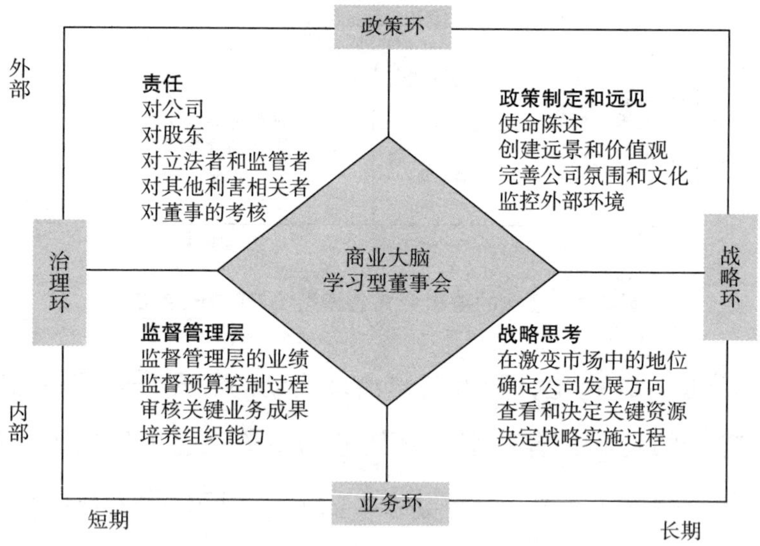

图 4-2 学习型董事会模型（Garrat2004）

提高董事会的战略决策功能

在现实运作中，很多公司的董事会没有在公司战略决策中发挥多大的作用。一些看上去似乎已经发挥了战略决策作用的公司董事会，实际上也只是制定一些数量性的指标（如增长率和赢利），而把具体的战略制定责任留给了经理层。在这些公司中，战略问题只是在由经理层提出和提请之后，董事会才会讨论，而不是在由经理层提供的详实信息基础上，董事会自主和定期地讨论战略问题，制定战略性决策，交由经理层具体实施和执行。

战略制定既是董事会的一个基本职责，也是董事会所能扮演的最能为公司增加价值的角色。董事会要在遵守规则类问题（检查公司的过去和现在）和战略决策类问题（塑造公司的未来）之间均衡使用其时间和精力。在强调公司合规运作的时候，不能对公司绩效有一丝一毫的忽略。董事会的两大职责中，绩效要比合规更为重要，没有绩效，公司就没有存在的价值。企业没有制度、经营不遵纪守法当然不行，但是一大堆制度、非常遵守规则而不赚钱，或者光顾着今天赚钱，明天可能就没事干了也不行。企业内部制度要少而精，关键在于能够执行，并且能够带来效率和效益。毕竟企业的事业是生意，市场是最大的制度。

当然，董事会要检查和监督公司是为全体股东的利益而经营的，并且为了股东的长期利益公司要兼顾其他利益相关者的利益。董事会要从全体股东利益和各类利益相关者利益平衡的角度考虑问题，履行公司社会责任、鼓励经理层的创新行为而又能控制股东财产损失的风险。

董事会战略职责缺位的“先天性”原因

公司股权结构和董事会构成对董事会战略职责的发挥有着重要的“先天性”的影响。股权集中度很高的公司，尤其是存在强有力控股股东的情况下，公司董事会往往沦为控股股东的橡皮图章和傀儡机构，很难发挥实质性的战略决策作用。甚至是一些并非战略性的问题，或者说所有重要的决策，都实际由控股股东做出。在股东众多、不存在控股股东的情况下，公司决策涉及到多方利益，需要一个集体的批准，董事会才会开始成为一个真正企业管理上的决策主体，而不再仅仅是一个法律形式上的决策主体。

实际的公司运作中，与股权集中度同样重要，会影响公司董事会角色发挥的因素是股东构成。英美国家公司董事会能够成为公司事实上的决策主体，在公司战略决策上发挥作用，除股权分散之外，还有一个重要原因是其股东构成以机构投资者和个人为主，没有政府、银行，更没有产业集团。日本、德国、法国等其他发达国家公司董事会作用相对英美要差的一个重要原因就是其股东构成方面存在银行、产业集团以及政府等“强势机构”，而不仅仅是因为这些国家的股权分散程度还没有英美那么高。股东构成不同，除了其自身会因不同类型股东间的“势力”差异而带来对公司决策的影响不同之外，还会由此带来股东间关系的不同而影响公司董事会角色的发挥。

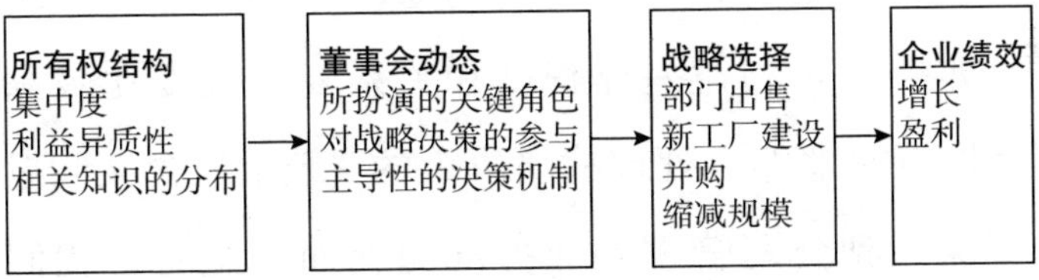

图 4-3　企业治理—战略—绩效链条中的董事会

在两个同样是股权分散、股东人数众多的公司之间，如果其各自的股东间关系性质不同，也会带来其各自董事会角色的巨大差异。所有股东间关系的性质，最重要的一点就是股东之间是否存在作为纯粹股东的享受分红和资本增值之外的其他方面的利益差异。银行、产业集团和政府作为股东，与机构投资者及个人相比，都与公司之间存在着或者是很容易发生纯粹股东利益（分红和资本增值）之外的其他利益关系。

在股东之间有不同利益存在的情况下，董事会会成为一个股东之间“谈判或商议的论坛”，各方在此达成一个一致的目标和方向。此时董事会所承担的主要角色并不是防卫经理侵犯股东利益的“守护人”，而是界定共同利益的主体。

如果股东之间利益差异程度比较低，关系复杂性处于能够以合同约束的水平上，董事会还可以以一种稳定的指导原则和目标集合，与经理层沟通，并用以评估经理层的提议。如果股东利益差异程度和关系复杂程度比较高，则董事会将更深地卷入处理战略决策的“政治”含义问题上，甚至会深入到公司管理和业务部门层面。此时，我们可以将董事会看作是一个决策制定的舞台，各类“演员”处在特定的有利位置去影响决策过程，以护卫他们自身的利益。在董事会中，代表着各类利益相关者的“演员”在相互冲突着的目标之间达成折中和妥协。在这个意义上，参与到战略决策过程的政治维度中的董事会并不仅仅是以一个单一性的实体与高级经理层互动，而且同时作为一个“谈判的论坛”，以在面对经理层之前，在主要股东之间达成一致。

表 4-1　　董事会对战略制定的参与：简要总结

影响因素	状态	董事会的主要职责	董事会的战略参与程度	董事会的决策模式
所有权集中度	高	法律形式	低	判断和直觉
	低	守护人角色	高	分析和判断
利益差异性	大	股东的谈判论坛	高	谈判达成
	小	股东的财产守护人	低	理性分析，判断和直觉
监管程度和治理	高	守护人	提高	分析主导
	低	谈判所	降低	谈判主导

不过，股东利益异质性的影响，会受到对董事会行为的监管程度的修正，也可以说是受到公司治理水平的影响。严格的对中小股东利益的法律保护会使大股东在除了与中小股东相同的纯粹股东利益之外，难于获取其他利益。严格的监管和高水平的公司治理，使控制权的私人收益降低，甚至趋近于零，也就没有人会再去追求“控股股东”地位了，公司也就很容易并且很快地走向股权高度分散了。

在股东之间利益异质性很大的情况下，董事会对经理的提议不再仅仅是以技术上的合理性和财务上的可行性与成长性来评判，对提议事项对不同股东利益的影响的考量将主导这一评判过程。并且进一步的一个结果是，在股东利益异质性的情况下，董事会的决策制定将更多地是基于谈判做出，而不是以理性分析为基础。对股东之间关系及股东与公司关系的广泛监管会降低这种“谈判”的空间，导致“理性分析”成为主导性的决策机制。只有这样，董事会作为一个集体的智慧，在公司战略决策中的积极作用才能得到发挥。至于董事会的智慧是否足够，就是董事会构成的问题了。

2. 如何构建一个战略性的董事会

传统董事会往往消极被动，只是一个消防队的角色。当前董事会的发展趋势是走向积极和战略性的董事会。

自主型公司需要建立起一个战略性的董事会

并不是所有的公司董事会，都应该是战略性的董事会。是否需要构建一个战略性的董事会，首先要看我们设立一个公司的目的。尤其是在集团框架下，明确设立一家新公司的短期和长期目标，是给该公司的“组织性质”定位的前提。

对于集团下属公司，或者是从控股股东的角度看，公司可以分为四种治理类型：自主型、合伙型、漂浮型和傀傀儡型（艾兰·布雷克，2003）。

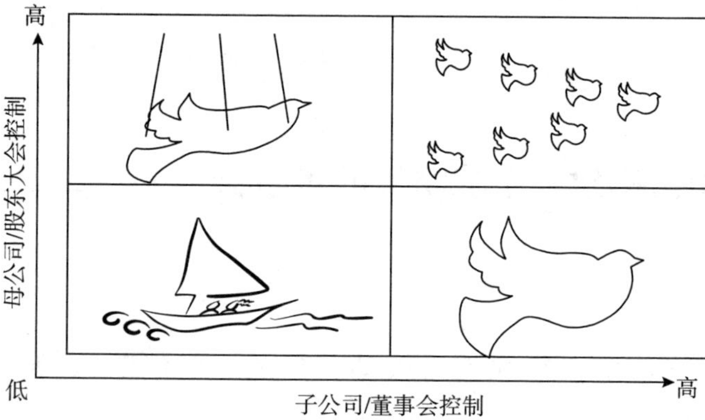

图 4-4 公司的治理类型：傀儡、漂浮、合伙与自主

傀儡型公司纯粹是集团或者股东要达到某种目的的一个法律手段，不会有什么独立自主权，其董事会也就自然地成为了集团或者股东的橡皮图章。

漂浮型公司，是由于设立宗旨不清，或者演进过程中的条件变化等导致公司决策结构“不确定”，集团或股东对其的管理不确定，自身也没有强有力的领导者或者决策人，结果就是其决策权力在集团（股东）和公司自身（董事会）之间漂浮不定。

合伙型公司，也许是集团下属公司和非上市公司中最为普遍的一种类型。这些公司中，董事会有一定的决策权力，但是集团或者主要股东也有很大的决策权力，二者在“决策权力”分配上，处在一种合伙状态。此时，大的战略性问题，往往是由集团公司或者股东确定的，董事会的监控角色远远大于其指导角色。如果股东之间存在较大的利益差异，董事会往往成为各方谈判的论坛。

应该构建一个战略性董事会，并且只有这样才能持续成功的是那些自主型的公司。自主型公司，无论是集团下属的，还是股东直接出资组建的，其目的是要成长壮大，成为独立自主的大型公司。相对于集团或者股东，自主性公司董事会拥有很大的决策权，其中包括重要的战略决策权。董事会是勇挑重担，充分利用这种有利的地位，积极参与公司的战略制定过程，还是采取通常的消极做法，只做一些监督和审核性的工作，是检验一个自主型公司“制度是否成熟”，是否积累起了保证基业长青的组织资源的重要标尺。

战略性董事会的前提：专业（职业）化团队

从董事会作为一个公司高层管理团队角度看，我们需要一个什么样的董事会？一个常用的董事会类型分析框架是，以董事们对董事会工作的在意程度和对他们相互关系的在意程度两个维度把董事会分为四种类型。

董事们对董事会工作和相互关系都不太在意，如有些公司甚至就不召开董事会，公司打印好了董事会决议挨个董事签字，这是走到极端了的橡皮图章董事会。一些在避税天堂注册的公司，一些一个关键人实际控制的公司，以及董事们都在一起工作、在管理行为中就作了有关决策的公司，往往是只有一个形式上的橡皮图章董事会。

董事们对相互关系非常在意而对董事会工作不太在意的董事会属于乡村俱乐部型董事会，很多经理人高度控制的公司董事会就属于这种类型。

董事们不太在意相互关系而高度在意董事会工作的董事会属于代表型董事会，这可能是中国相当多公司董事会的现状。甚至在很多人的心目中董事会就应该是这个样子，总是在代表各自股东或其他利益相关者的利益而相互吵架。不能指望股东之间必然会有的一些意见和分歧在董事会中解决，过分强调独立董事代表中小股东利益就有导致公司董事会过分政治化的可能。这种董事会成为公司政治斗争场所的现象也不符合公司治理规范。股东很少的公司董事会基本等同于股东会有其合理性，但是股东较多的公司董事会则应尽可能避免成为这种状态。

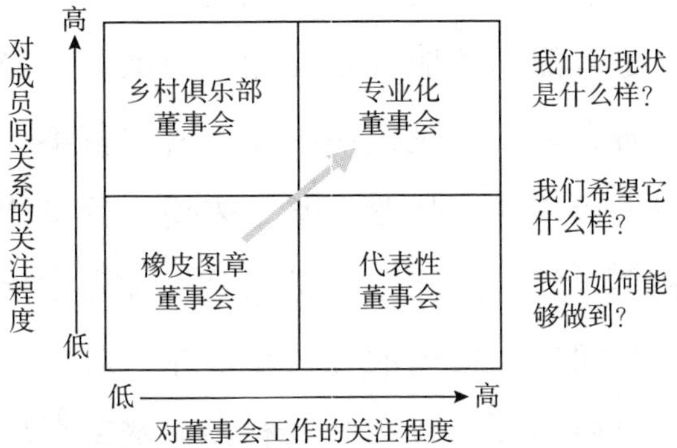

图 4-5　构建一个专业化的董事会

董事们对相互之间关系和董事会工作都高度在意的董事会是我们真正需要的董事会——专业型董事会。这样的董事会是一个独立有效的领导集体，董事们能够相互理解和尊重而同时能够进行严肃认真甚至激烈的争论和讨论，团结而不是一团和气，争论而不是吵架。

构建一个独立、有效和专业化，能够更好发挥战略职责的董事会，是改进公司治理过程中不容忽视的一个重要问题。

构建战略性董事会的三个步骤

战略性董事会的构建，要从优化公司股权结构和股东基础开始，尽可能地使股权多元化、分散化，降低股权集中度。实证研究表明，股权集中度与公司董事会对战略制定的参与程度成反比。从股东基础来说，尽可能地增加机构投资者和个人等这类除了正常的分红和资本增值之外，没有其他从公司获利渠道的纯粹型股东。政府、产业集团和银行等强势机构作为股东，具有公司董事会抗拒不了的影响力，也都有一些自身特殊的从公司“获利”（包括政府的政治和社会性目标）的渠道。这些特殊影响力和额外获利渠道，会导致公司董事会被俘获，或者公司战略决策偏离合理轨道和最优目标。

在合适的股权结构和股东基础之上，战略性董事会构建的下一个关键步骤是战略性地招募合适的董事。虽然公司董事最终是由股东大会选举产生的，但是战略性董事会要尽可能避免简单地接受各个股东推荐董事人选的状况。公司要有一个通盘的考虑，应该制定董事会规则，明确董事会的结构和董事需求，把一些良好的聘请经理人的程序借鉴到聘请董事的工作中来。战略性董事会，需是一个能够高效运作的高层领导团队，董事的质量和相互合作至关重要。现任的全体董事会成员都应该参加面试和推荐新的董事候选人，集体讨论决定新董事会成员的提名。

战略性董事会的本质是其独立性，要尽可能地减少内部人在董事会中的比例。董事会中的内部人最好只有一个或者两个。内部人效忠的对象总是他的上司，而不是全体股东和整个公司。内部人关注的焦点也总是其职业前途而不是股东价值。内部人所掌握的信息要通过有效的治理机制被董事们充分利用，而不是成为其可以凭借的个人优势入选董事会。

各种现实和潜在的利益冲突都不利于董事会战略职责的发挥。有作为纯粹股东之外利益的股东会干扰公司战略制定偏离最优目标，有纯粹董事之外利益的董事也会影响公司董事会战略职责的有效发挥。战略性董事会中要尽可能减少各种各样与公司有纯粹股东和纯粹董事之外利益关系的人，包括公司的顾客、供应商、咨询顾问、会计师事务所和证券承销商等。董事会中的家族成员性质与此类似，应该有足够比例的独立董事来抗衡家族成员对董事会的影响。还有一种不良现象就是只招募熟悉的人进入董事会，把公司限制在了现有的能力范围之内。尽管董事之间的信任非常重要，但不能任用太多的亲信为董事。亲信导致偏袒，失去公正。交叉任职董事会让互惠情感影响独立判断，也会破坏董事会战略职责的发挥。

有了合适的数量和结构之后，战略性董事会运作到位还需要激励性的薪酬、高质量的信息、负责任的态度、建设性的参与和高效率的领导等几个方面最佳做法的匹配。

董事是这个世界上最后的物美价廉之物了。战略性董事会一个明显的好处是给公司带来其他途径可能难以得到的高级专家。他们不仅能够提高公司的战略计划能力，也能给公司带来战略性的伙伴关系和商业机会，以及更为方便的融资渠道。战略性董事会还可以为公司的重大事项及战略性决策提供一个思想库，确保首席执行官的责任感，缓解其高处不胜寒的孤独感，支持更规范化的管理，吸引更优秀的员工进入公司等。

可惜有太多的企业家或说董事长、总经理们，因为过于自负，或者是某种潜意识里的恐惧和不安全感，只关心短期和眼前利益，拒绝变化和不相信别人等，完全是被动地按法规要求建立董事会，缺乏对董事会价值的真正认识，或者是得意于自己操控下的橡皮图章董事会，或者是无奈于各方角斗的谈判论坛式董事会，而无心也无力去构建一个真正的战略性的董事会。

安然崩塌：乡村俱乐部型董事会的教训

安然公司从打破官僚主义、鼓励创新、组织扁平化等开始步上成功之路，但是走过头了，走到了没有控制的地步。

大型公司，或者是一个主要靠智力因素的小公司想要做大，在一定的时候，创业者的领袖魅力都要让位于一个独立和有效的董事会的集体智慧。惠普公司董事会不顾公司大股东反对，支持首席执行官的并购计划，在并购争议激烈的时候曾经宣布如果并购失败全体辞职，正是董事会作为一个集体对全体股东负责的一个鲜明例证。集体决策可能比个人单独决策缓慢、繁琐，但是却会有更多的理智和安全。当然董事会中每一个人都要有独立为全体股东服务的基本理念和基本的团队决策技能。

安然公司董事会一定程度上是受到了经理层的“欺骗”，对公司实情了解不够。2000年安然公司董事会召开了9次董事会，仍然对公司运作的实际情况失察。安然公司与其董事之间存在大量的除董事服务费之外的利益关系，如与其个人拥有的其他公司之间的关联交易、另有咨询服务合同以及向其任职的科研机构捐赠等。这些都违背证券交易所、机构投资者以及一些领先公司有关董事独立性的要求和规定，导致安然公司的董事会变成了董事们过分关注相互之间关系而疏于关注董事会工作的乡村俱乐部。

规范和效率之间存在着一定的矛盾。我们面临的最大难题总是难以区分以效率的名义破坏规范的行为和真正为了效率而疏忽了规范的行为。我们不知道准确的许可和禁止点应该在哪。很多公司的管理失控是出于鼓励创新和抓住机会的初始目的而不知不觉之中走过了头。

从股东会到董事会到首席执行官，再到金字塔的下层，层层的管理和授权关系，都需要增加领导的艺术和鼓励主动性和创新精神，但是当授权而没有监察，主动性和创新精神有余而逾越了规则的时候则变成没有管理和混乱了，公司也就处于危险的境地了。组织的规则可以改变，市场的规则不能违背。组织要适应市场，但也要有一个相对稳定的规则和组织文化，否则必然会土崩瓦解得非常快。

3. 战略性董事会的职责发挥：关键环节

导致公司董事会战略职责不到位的因素很多，其中包括对公司治理问题认识上的不足，过于强调董事会相对于经理层的监督角色而忽视了董事会的战略指导角色。

正确的战略制定流程

战略制定应该是一个互动的过程，在董事会和以首席执行官为首的经理层之间，建立起一个正式的年度战略计划制定程序，可以提高公司战略决策的质量，给公司带来高额收益，避免潜在损失。

战略制定中经常出现的一些错误包括：战略方向上的错误；过分关注短期利润和收入增长而不是长期发展和价

值创造；战略空泛化，没有明确起点；战略制定的流程限制了战略的改进和新战略的产生。

引入独立、高质量的董事，以及正确地使用外部顾问，可以帮助克服这些缺陷，促进正确战略的形成。有执行机会的人在战略制定中肯定是更多地往积极的、有利的方面去想，不自觉地就会更多地收集来那些积极和有力的信息，这是人性的特点。执行者把这一战略的执行及其前景当作事业（当作捞钱机会骗股东和银行是另一类的问题，我们这里先不谈）抱有热情，没有这种热情往往也就办不成事情了。当一个人睡觉都在想的时候，一些没有办法办成的事情可能也想出办法办成了。

董事会需要深入讨论和挑战公司的战略选择，确保考虑了其他可能的选择，检查达到目的的流程，并且监察其实施。董事们要投入到“建设性的不满和争论”之中，摒弃过去那种一团和气的习俗。同时，董事会和管理层对这一流程感觉舒适，认同定好的战略，“互相买账”。没有广泛充分地考虑影响公司业务的所有外部环境，可能会瓦解董事会和经理层制定战略的辛苦努力。为此，公司的风险管理流程，必须识别所有潜在的经营风险。战略的有效实施往往非常困难，需要挑战整个流程的各个方面。董事会在挑战和评估战略与计划流程中的角色，并没有在定好战略时结束。事实上，它在整个实施过程中持续。

简单至为重要，要学会使用“一页纸计划”制定战略框架。董事和首席执行官都应该首先是公司的领导者，而后才是具体事务的管理者。领导者要把复杂问题简单化，而管理者把简单问题复杂化。董事会制定战略和经理层制定业务计划的两种角色一定要划分清楚。正如一句名言所说，战略家的头脑要在天上而脚要在地上。

董事会参与公司战略需要广泛有效地思考。预测一下投资者在有关公司战略问题上通常会问些什么问题，对理解董事会在评估经理层战略建议时要纳入考虑范围的因素会大有助益。如果董事会没有向经理层询问这些问题，获取答案，在股东会上则不能有效回应股东们的质问。

董事诊断公司战略方案要问的 5 个基本问题如下。

整体性——公司战略的各相关要素之间要构成一个整体。

适宜性——公司战略要与公司现有资源和机会以及经过适当努力可以获取的资源和机会相适宜。

可持续——公司战略要可持续，在现金流和长期前景之间保持平衡。

可行性——公司战略要可行，有关条件之间要环环相扣而不能掉链子。

责任性——公司战略的实施要对各方面和各类利益相关者尽到应尽责任，任一方面的坚决抵制都可能使一个看上去很美的战略成为泡影。

清晰的职责划分

董事会和经理层之间应该有一个清晰的责任划分，董事会提供战略监控和指导，经理层进行运营计划、决策和实施。实际运作中，董事会和经理层如何具体明确各自的角色，会因公司而异，形成不同的双方最为稳定的工作关系类型。但是无论采用什么样的具体流程，董事会都应该拥有足够的信息以支持其战略分析，必须克服这些信息质量上的任何缺陷。

治理框架不能僵硬不变，它应该允许公司对快速持续变革中的商业环境做出回应。目标应该是形成一个长期的战略，这一战略能够创造更大的股东价值，同时为员工、顾客和其他利益相关者带来益处。

一个由具有多样化背景的专业人才构成的董事会可以为正确的战略制定增加价值。即使一些很小的企业，如果做的事情比较大，涉及的方面比较多，用一个具有多样化背景的高层战略决策团队替代创业者一个人的独断专行，对于改善公司的战略决策质量和避免一些不必要的内部矛盾和外部风险，也至关重要。

董事的英文“director”，就是导师，就是指引方向的人。董事要懂事，至少要是某一方面的内行。建设好董事会，使董事会作为一个集体能够在主要的大多数的方面胜过首席执行官，在战略决策方面成为首席执行官的良师益友。

为董事会发挥战略职责装备技能和信息

董事为参加董事会会议需要消化的信息在持续地增加。要让董事们了解公司最新的关键技术动态，公司的竞争者正在做什么以及他们如何考评绩效，需要在一个持续性的基础上，为董事会成员提供了解业务进展的机会，如定期参观公司，高级经理人员提供情况介绍等。

为了能够更好地完成职责，董事们越来越多地需要董事会培训项目，尤其是新加入到董事会中的成员，应该得到有关董事会最佳实践的广泛的背景知识以及有关公司和其业务挑战的培训。

董事会成员们可以通过一些公司内部的培训项目，或者由公司付费挑选一些合适的大学、咨询公司的培训项目，获得有益的知识。专门面向董事的培训项目可以是一个非常有价值的信息来源。参加这些培训项目，也是认识其他董事以及有关各种各样治理问题的专家的好方式。

董事会要从多种渠道了解有关公司绩效的信息。只使用来自内部的报告会有潜在的误导。董事会成员应亲自访问公司运营地，得到有关组织如何良好运营的第一手资料，拜会主要的供应商和顾客等。董事们要结合运用他们自己对公司绩效的观察，来自公司管理层、外部顾问和分析师的报告，得出一个综合的看法。

战略性董事会要为公司提供积极和建设性的建议，争论和辩明有关的机会和威胁，及时有力地纠正管理层的方向错误，做出根据充分的判断。深度介入战略决策，需要董事们参与到同公司顾客、经销商、供应商和员工的对话之中。这种对话要求董事们投入远比每月或每季度一次董事会会议多得多的时间。

4. 战略性董事会之下的首席执行官

战略性董事会关注公司未来的业绩。如果说传统上的董事会往往只是因为首席执行官的实际业绩不佳而将其解聘，战略性董事会在决定是否要解聘一个首席执行官的时候则同时考虑首席执行官的实际业绩和预期未来业绩。

战略性董事会之下，首席执行官要更具有包容性

董事会更深地介入和股东更积极地参与到公司的治理和战略决策之中，可能是这个时代最关键的一个新现实，首席执行官们必须对此“笑纳”，并相应地从有能力将投资者、员工和政府的关注点和意见纳入考虑范畴开始修炼。

首席执行官必须满足董事会成员、投资者和包括雇员

和政府在内的公司其他利益相关者们的需要，必须自觉自愿地去与各有关方面沟通，在有关财务结果和薪酬方面保持透明。无视这些新规则者则会受到惩罚。

首席执行官应该经常要求和督促董事会尽到职责和为公司做出贡献，尤其是在公司的战略愿景形成、战略决策制定和组织发展方面。积极主动和自觉地把董事会成员纳入公司战略的制订过程之中，而不是仅仅请他们批准已经制订好了的一项战略，是获取董事会信任和支持的最佳方法。

对于可能面对投资者质疑同时需要时间来完成一项新战略的首席执行官，董事会的支持非常重要。但是首席执行官们也需要知道，董事会的这种支持，只能来自于本来可能对事情有不同看法和判断的董事会成员之间经过深入和有意义的争论之后而达成的一致。这时的矛盾、冲突与不同看法是正常的，包容性的首席执行官要欢迎这种争议和争执。

首席执行官要能够认识到他自己的强项和不足之处，并相应地配备高素质的管理团队和可信赖、有能力的咨询顾问。机会可能存在于运营改进、新技术、销售或者营销提升、重大交易、成本削减和增长前景等之中。没有一个首席执行官能够在所有这些方面都同样优秀。

董事会对首席执行官的绩效评估

战略性董事会要树立起公司的战略观念，以确保股东长期价值的增加成为公司的首要考虑，并以此对其自身以及公司管理班子的绩效进行持续的评估。

要什么，考核什么。战略性董事会要把公司战略落到实处，就要采用一个正式程序和一套与公司战略相容的指标体系评估首席执行官的绩效。

战略性董事会要通过对首席执行官的业绩评价，达到以下目的。

加强董事会与首席执行官之间的沟通，使双方对公司以及首席执行官在短期和长期的业绩表现方面应达到的业绩标准达成一致看法；

帮助首席执行官辨别他个人的优势和劣势；

使首席执行官和董事会能尽早地发现潜在问题和预警信号；

为首席执行官的报酬决策提供明确的指导；

让股东和公众知道，董事会对首席执行官和管理层的监督和评价处于常规运作之中。

所有董事（包括外部董事在内）每年都应对首席执行官做出评价，并由董事长将此结果告知首席执行官。评价应基于客观标准，如长期战略目标的执行情况，管理方面的进展情况等。

有效地完成首席执行官的绩效评估工作，需要开发数量和质量两个方面的考核指标，并严格地根据这些指标对首席执行官的绩效进行正式的年度评估。要综合考量长期和短期目标，并将具体的绩效指标与公司的战略相联结。

首席执行官绩效考评的周期始于薪酬委员会和首席执行官就该年的绩效目标达成一致意见，终于对这一目标达成结果的正式评估。还要包括一个中期评估，以确保能够定期采取行动解决一些可能会导致严重后果的问题，把问题消灭在萌芽之中。

5. 战略性董事会与公司的企业家精神

在一个并没有企业家概念的现代公司中，或更准确地说，在以董事会为中心的现代公司治理体系中，企业家精神是如何体现出来的？

现代公司的企业家精神

撇开初创企业和创始人仍在掌控大局的公司不说，成熟的现代公司也无疑是可以具有企业家精神，并且实际具有极为强大有力的企业家精神的。成熟现代公司的企业家精神在“创新”和“创业”两个方面，都有丰富的表现。

“创新”方面，今天改变世界的大多数革命性技术，实际都是源自成熟公司的研发投入，而不再是爱迪生那样的个人创新者力所能及的。从 AT&T 公司的贝尔实验室，到施乐公司的帕罗奥尔托研发中心（PARC），是成熟大公司的研发投入启动了现代微电子和 IT 产业的非凡历程。

“创业”方面，成熟公司的贡献表现在两个方面。一是成熟公司自身通过新技术和新业务的开发实现转型，成为了一家事实上的全新公司，如 IBM 从打卡机到计算机再到 IT 服务，3M 从采矿到高科技，丰田从纺织到汽车，苹果从电脑到手机，富士通从电话机到计算机等。二是很多新创公司实际源自成熟公司，或具体业务，或创业人员本身，是从成熟公司分离出来的，也就是通常所说的“内企业家”。从大公司走出来的创业者例子不胜枚举，从苹果公司创始人之一的沃兹尼亚克，到星巴克公司创始人舒尔茨等。

集体决策的董事会何以容纳个人属性的企业家精神

现代公司的基石是董事会，董事会的基本原则是集体决策。公司走向成熟在公司治理上的根本标志就是董事会这块基石是否夯实了，董事会的集体决策原则是否得到了严格遵守。这是否会窒息了本质上是一种个人属性的企业家精神呢？客观地说，这不仅是很有可能，并且往往是广泛存在。因此有些学者提出了构建以创新为导向的公司治理模式，或以企业家为中心的公司治理模式等。

创新、创业与企业家精神，本质上来说，都要源自于个人的内心。只有具体的活生生的人，才会有冲动、血性或说动物精神一类的本能性的创新和创业激情。说公司创新或公司创业，本质上是说，公司作为一个组织，要成为那些具有创新、创业精神和能力的个人的创新和创业平台，为他们的创新创业想法提供资源支持，并在进入到一定阶段之后，以组织的强大能力把这种创新创业行为贯彻和执行下去，或作为公司成长的第二曲线，使其成为公司新的主营业务，或是将其分离和分立出去，公司取得资本投资收益。

遗憾的是，现实中的大多数公司是无法做到这一点的。只有那些真正卓越的公司能够多次做到这一点，从而屹立百年，与时代同行。更多的公司可能做到一次、两次，但是做不到三次、四次。在这种现象的背后，是市场的逻辑永远强于组织的逻辑，市场的逻辑也远比组织的逻辑更为复杂。所以，有诺贝尔经济学奖，而没有诺贝尔管理学奖，也没有诺贝尔法学奖。公司已经是到目前为止人类所发明的最好的一种经济组织和企业制度了，但在创新创业和企业家精神背后的市场逻辑面前，公司还是一个小学生，需要努力学习和成长。

集体决策的董事会要容纳个人属性的企业家精神，大致有三种做法。创始人仍在的时候，可能创始人是企业家精神的核心体现，在这种公司，董事会可能只需要设定公司在创新投入上所能承受的最大风险。谷歌公司和亚马逊公司目前就属于这种情况。创始人不在之后，可能某位新入主的控制性股东，或是某位有重要地位的关键人物，通过出任公司董事长或首席执行官而成为公司企业家精神的主要来源。1905 年奥博和奥德威入主 3M，2005 年与凯马特合并后兰伯特入主希尔斯，以及 1959 年冈田完二郎就任社长之后的富士通等，都属于这种情况。第三种情况则是，没有了控制性股东也没有了创始人的股权分散公司，董事会在对公司处境有清醒认识的基础上，为公司引入具有强烈企业家精神的人，来带领公司“二次创业”。

成熟公司董事会通常会从以下三个来源为公司引入具有企业家精神的人，带领公司走出困境。一是召回已经退居二线或者可能因为种种原因而离开了公司的创始人。2008 年已经退居二线 8 年的舒尔茨重回星巴克公司担任首席执行官。1997 年已经离开了 12 年的乔布斯重回苹果公司，并带领公司通过一系列的创新，从一家电脑公司成长为引领世界潮流的消费电子公司。二是从公司外部甚至是从行业外部聘请合适人员。1914 年 IBM 前身 C–T–R 公司董事会聘请老沃森出任总裁和 1993 年 IBM 聘请郭士纳出任董事长兼 CEO，都属于这种情况。三是从公司内部培养和成长起来的具有企业家精神的人。铃木敏文 1963 年进入伊藤洋华堂，1973 年负责创立日本 7–11，2005 重组伊藤洋华堂和 7–11 为 7&I 控股集团。

富士通开发计算机和乔布斯重回苹果时的董事会角色

1959 年，离开古河财阀、作为职业经理人在语部兴产工作了 10 余年，已经 68 岁了的冈田完二郎，受时任富士电机社长兼任富士通社长的和田恒辅的邀请，出任了富士通的社长（后来又出任了会长）。一位古河财阀核心企业古河矿业的前社长，出任作为古河财阀孙级公司的富士通的社长，这一“奇迹”现象背后的原因就是冈田看好计算机。在冈田出任社长之前，富士通的社长基本是由母公司富士电机的高管兼任。富士通业务快速发展的势头和冈田的特殊身份，带给了富士通相对于其母公司富士电机的独立性，使富士通能够做出“在开发电子计算机上孤注一掷”这种大胆甚至近乎赌博性质的决策。

在满是来自富士电机及古河系其他企业的大人物们的富士通董事会上，来自富士通经理层和年轻技术人员们的关于发展计算机业务的提议，按照通常程序是不可能通过的。但是冈田完二郎的特殊地位，使他可以顶住守旧的董事们的压力，而支持年轻经理和技术人员的创新。用冈田自己的话说是，“比如有 10 名董事，其中有 3 人赞成的话就应该下令去做；如果有 5 人赞成的话，就已经动手晚矣”。在 1960 年决定兴建计算机制造工厂时，董事们纷纷质疑：“我们公司靠国营电信公司的工作，就已经获得了足够的收益，何必还建计算机工厂呢？”“把通信部门汗流浃背挣来的钱投进前途未卜的计算机，岂不是对股东的背信弃义的行为吗？”但是冈田坚持做，他劝服说：“诸位学习得太不够了，单靠国营电信公司的业务，富士通就不过是一个承包工厂，无法获得飞跃发展，我咨询过的电子专家和公司经营者都认为电子计算机产业前景广阔。”

冈田完二郎这位具有企业家精神的人，因其自身的特殊地位能够说服公司董事会支持公司大胆的创新行为。但是没有这种特殊地位的人能够凭借什么说服董事会支持公司的创新行为呢？因其被迫离开苹果后所创 NeXT 公司被苹果公司收购而重回苹果公司的乔布斯，为我们提供了一种凭借市场力量而说服董事会的案例。1997 年，决定收购 NeXT 公司并请回乔布斯的苹果 CEO 阿梅里奥被董事会解聘了，乔布斯却又“解聘”了这个聘请他重掌苹果的董事会。这里的解聘要加上引号，是因为乔布斯并没有法定权力解聘董事，他是凭借市场力量劝说那些他不满意的董事自愿离职。

1997 年乔布斯以“统领团队的顾问”身份回到苹果之后，为了留住公司人才，向董事会提出要给高层员工的股票期权重新定价。董事们犹豫不决，乔布斯争辩说，你们是让我来解决问题的，人才是问题的关键，可我们正在流失人才。随后，董事们想要先进行可能要耗时两个月的法律和财务方面的研究后再做决定。乔布斯愤怒地以辞职相威胁：“你们疯了吗？诸位，如果你们不愿意这样做，我下周一就不回来上班了。因为我将面临成千上万比这困难得多的决定要做，如果你们在这样的决定上都不支持我，我注定会失败。所以，如果你们不批准，我就辞职”（《乔布斯》第 346 页）。第二天，董事会做出决定，按解聘阿梅里奥当天的公司股票价格给公司高层员工的股票期权重新定价。

这件事却让乔布斯很不满，他不想继续向一个自己并不敬佩的董事会汇报。乔布斯提出，"停车吧，这样下去不行。这家公司岌岌可危，我没时间哄董事会开心，所以我要你们全部辞职，要不然我就辞职，下周一不回来上班了"（《乔布斯》第 346 页）。最初，乔布斯只同意原董事会成员中有一个人留下，董事们提出再多留下一位，这样看起来好一些。

法定权力上，是董事会有权解聘乔布斯，但是残酷的现实是，董事们知道他们无法忍受乔布斯愤然离开。而且，当时那种情况下，继续做苹果公司董事会成员的前景，对他们来说也不是那么诱人了，大多数人都很高兴解脱出来。

公司治理中的弹性、规则与实力

乔布斯重回苹果之后，说服苹果公司董事离职（其中包括苹果公司的第一个投资者和首任董事长马库拉，马库拉也是 1985 年乔布斯被迫离开苹果公司时的董事会成员），是否违反了公司治理规则呢？相对于公司董事会，乔布斯的权力来自于市场力量，并且是在董事们认可和认同这种市场力量的情况下，才发生这种特殊作用的——董事们自愿离职，并授权两位留任董事和乔布斯为公司寻找新的董事会成员。如果董事们刚愎自用，不认可和不认同，他们当然有权力立即解聘这个如此“狂妄”的乔布斯。但是，那样的结果可能就是苹果公司已经不复存在了。

事实上，当时苹果公司董事会成员们，在阿梅里奥不在场的情况下，已经对困境中的苹果公司形势做出了如下判断：如果继续让阿梅里奥担任 CEO，只有 10% 的机会可以避免破产；如果解聘阿梅里奥并说服乔布斯接任，有 60% 的机会生存下去；如果解聘阿梅里奥而乔布斯不来，必须找一个新的 CEO，则有 40% 的机会幸存（《乔布斯》第 340 页）。正是基于这种认识，尽管很惊讶，但是当时苹果公司董事们，还是自愿接受了乔布斯的提议：我需要一个更能理解和支持我的新董事会，你们都辞职吧！

在公司治理领域，以实力叫板规则的案例很多。经理人叫板股东和董事会的一个成功例子是广告天才萨其。在被股东们赶出了由他所创建的“萨其和萨其”广告公司时，他凭借公司最大客户英航的支持，成功地解除了他自己以及随之出走者的“竞业禁止”协议。

失败的例子有新浪创始人王志东。当年尽管有媒体和公众舆论一面倒性的支持，但是王志东叫板新浪董事会解聘其首席执行官职务这一公司治理规则的行为还是失败了。不管网友们当时在情感上、语言上是多么地支持王志东，却并没有形成真正的“实力”。他们没有做到“没有王志东都不再上新浪网”。众多新浪网友对王志东的支持，比不上一个英航对萨其的支持来得真正有实力。

现代公司治理要保持规则，但同时要富有弹性、灵活性和适应性。在市场的逻辑面前，公司组织的逻辑是次一级的。

5

章

董事长、首席执行官与董事会秘书

1. 董事长、首席执行官与集团管理委员会
2. 两职合一、分任与联席制
3. 中国公司的董事会、董事长与总裁
4. 中国公司的两职设置问题
5. 董事会秘书

股东通过股东会选聘和解聘董事，董事通过董事会设置、选聘和解聘包括首席执行官在内的所有公司管理层职务，这是公司治理的基本规则。

股东可以通过股东会以简单多数同意原则、无需理由地解聘任何一位董事，除非是特殊的类别董事或者是以累积投票制选举出来的董事；董事会具有绝对权力解聘任何一位管理人员，即使这位管理人员业绩优异。

1. 董事长、首席执行官与集团管理委员会

公司归董事会管理，董事会具体如何管理，设置哪些公司高管职位来管理公司事务，都属公司自治范畴。公司通过章程或者董事会决议来明确公司的主要高级管理职位。如何设置董事长及副董事长，以及董事长是否兼任首席执行官，甚至兼任总裁等，都是由公司自己决定的事情。

董事会主席（董事长）

在现代公司治理规则下，股东向董事会这个公司最高层管理团队授权，由董事会直接或在董事会指导下经营公司。每一位董事都是受全体股东的委托来以董事的身份通

过董事会来管理公司的。董事会以会议体的形式来行使权力，董事会主席的任务就是组织好董事会、主持好董事会会议，确保董事会有效运作。

董事会主席的基本职责包括：

①监督公司治理结构是否适应公司需要，必要时向董事会提出改变建议。

②确保一个清晰、一致理解和相互尊重的公司各个机构的角色和职责。

③确定董事会会议计划——董事会主席在征询首席执行官（如果是两人分任）意见后，制定董事会和其委员会的议程，为董事会的每一年度安排及每一次会议制定议程，提出要提交董事会的信息，要董事会讨论、批准和决定的事项。

④筹备、主持和领导每一次董事会会议——董事会主席要审核提交董事会的所有议案，确保书面材料提前分发给每一位董事。

⑤确保董事会层面持续性互动和对话的质量——董事会主席要确保董事会收到公司战略、业务、财务和竞争态势方面持续性的及突发事件的有关重要信息，要推动全体董事之间，以及非执行董事和执行管理层之间建立和维持

一种尊重、信任和坦诚的氛围。

⑥确保新当选董事得到适合其个人情况的导入培训，并确保所有董事都能够得到持续性的培训和教育。

⑦董事会主席要从源头参与到首席执行官有关重大事项的决策之中，包括合并、收购、剥离及其他重大交易。

⑧主持股东大会，确保股东大会有效举行。

⑨经与首席执行官咨询后，代表和监护公司的利益，与外部相关者保持沟通，参加外部会议。

首席执行官（CEO）

任何一个组织作为一个三角形的命令和控制体系，需要有个“一把手”。CEO（首席执行官）就是往内和往下看时，公司作为一个金字塔型的组织，处在塔尖地位的公司行政（执行）方面的“一把手”。但是在这个三角形之上，有一个圆圈，就是公司的董事会。现代公司中董事会这一圆圈和执行层这一三角形是分离的，或只有极小的交叉。有时可能只有CEO一个人是董事，有时CEO可能还不是董事。选聘、考核、激励和替换CEO是董事会的一个重要工作。

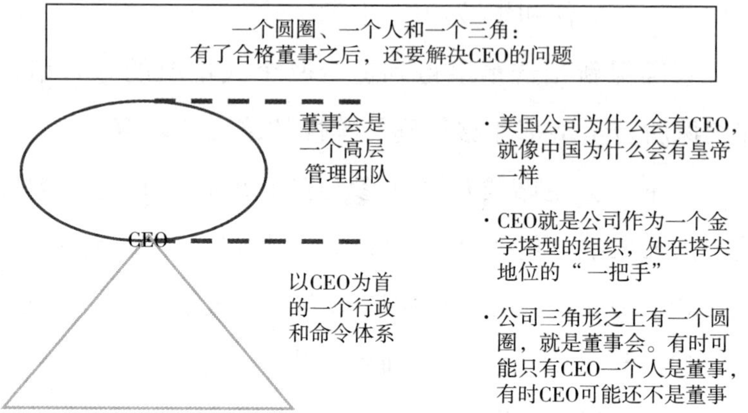

图 5-1　董事会与首席执行官

公司董事长和 CEO 可以由一人兼任，但是这两个角色的职责和权力是明确区分的，而且外有充分竞争的资本市场、内有独立有效的董事会等来制衡董事长兼 CEO 这位公司一把手。

COO 即首席运营官是在首席执行官领导下全面主管公司日常运营的。CFO 则是辅佐 CEO 管理公司财务的。COO、CFO 等可能是 CEO 聘任，或者是董事会和 CEO 共同聘任。公司总裁是与首席运营官类似的一个职务，是主管公司日常运营的。总裁业绩好、能力够的话则可能被董事会和 CEO 选为 CEO 的继任人选，CEO 做得好则可能荣任董事长。这是一个大概的公司官职升迁程序，不是固定和一成不变的。

在不违反其自身的权力与职责范围的情况下，董事会要授予首席执行官充分和必要的权威。作为公司的最高执行官员，首席执行官的基本职责包括：

①清晰地界定和传播公司价值观，鼓舞管理层和员工。

②研究、制订并向董事会提议公司的战略选择，及其他有助公司发展的意见，执行和落实董事会的决定。

③与董事会保持持续互动和对话，以及相互尊重、信任和坦诚的氛围。

④对由董事会决定的事项遵循董事会或其委员会的决定，并负有落实这些决策的最终职责。

⑤向董事会提供董事会履行其职责所需要的所有相关信息，并就首席执行官和公司高管层完成其自身职责所做出的重要决定向董事会定期汇报。

⑥定期与董事会主席会面，把董事会主席纳入战略讨论之中，并就所有重要问题，特别是需要提交董事会和其委员会的事项，与董事会主席进行讨论。

⑦负责公司日常管理，确保董事会所赋权力和职责的执行。

⑧作为公司的主要发言人面对外界。

⑨如果公司设有集团管理（执行）委员会，首席执行

官负责：主持和领导集团管理委员会；就集团管理委员会的组成、权力和职责向董事会提出建议，并就集团管理委员会的绩效对董事会负责；就每位集团管理委员会成员完成其个人职责的绩效给予支持和指导；为集团管理委员会成员设定目标，评估业绩，提出薪酬建议。

集团管理（或执行）委员会

大型公司或是集团化运营公司，可以在董事会和首席执行官之间设立一个集团管理（或称执行）委员会，由首席执行官和集团管理委员会共同构成公司的执行管理层，根据董事会批准的战略、政策、计划和预算经营公司。董事会决定首席执行官的义务、权力和职责，并批准由首席执行官提议的集团管理委员会的义务、权力和职责。

集团管理委员会由首席执行官和得到任命的公司执行管理层人员组成。董事会根据首席执行官的建议，征询董事会主席的意见，任命集团管理委员会成员。集团管理委员会中包括业务部门的总裁和主要职能部门的负责人，如首席运营官、人力资源总监、财务总监和法律顾问等。

首席执行官是集团管理委员会的负责人，主持集团管理委员会会议，领导集团管理委员会的组织与运作。一位秘书（可以是公司秘书即董事会秘书兼任）负责协助首席执行官。

集团管理委员会通常每周或每两周召开一次会议。应首席执行官或两位委员会成员的要求，可以在任何时间额外召开集团管理委员会会议。一半以上或者代表一半以上投票权的成员参加，构成有效的集团管理委员会会议。每一次集团管理委员会会议都要有会议记录。

根据首席执行官的建议，董事会决定集团管理委员会的职责：

①在首席执行官的领导之下，研究和制订公司战略，及有关促进公司发展的建议，包括战略计划和组织实施。

②向公司董事会提出有关投资、收购和剥离的建议，超过一定金额的事项，或者不管金额大小，但在首席执行官看来事项重大需要由董事会决定。

③拟订并向董事会提出有关公司政策的议案，获得批准，负责实施。

④制定和实施属于集团管理委员会范围之内的公司政策。

⑤对集团和业务给予指导和支持，同时尊重、遵守集团内部各个公司所面临的不同的法律和监管规则。

2. 两职合一、分任与联席制

在采用纵向双会制的欧洲大陆国家（如德国和荷兰），监督董事会是实际上的董事会，管理董事会（经理理事会）则是主要执行人员。董事和管理层是完全分离的，董事长与首席执行官两个职位也自然是分设的。

在实行由审计委员会进行监督的单一董事会制国家（如美国、英国和其他英联邦国家），董事长和首席执行官是否能由一人担任是个激烈争论的问题。提倡两人分任的理由是可提供一种制衡机制，而反对意见认为一个人总揽大权可以使公司更好地运作。

合一还是分离？合一为主，分离是趋势

从国际潮流来看，随着公司治理改革的深入，董事会领导体制有多样化的趋势。首席执行官兼董事长这一经典模式的比例在下降，前任首席执行官专做董事长，以及独立董事长呈现增加趋势，甚至出现了一些专门给一些企业做独立董事长的“新型能人”。这些趋势背后的原因和驱动力量是，法律和公司治理改革，提高和增强了董事会整体的力量和每一位董事的地位、责任以及风险。

一些股东积极主义活动者主张分离董事长和首席执行官这两种角色，认为这样做可以使董事会更具独立性。激进一些的机构投资者明确提出了董事长和首席执行官两个角色不应该重合。温和一些的机构投资者则表示，一般情况下支持董事长和首席执行官职位分设。董事长的职责是监督管理层，如果兼任首席执行官则等于是自我监督，这是矛盾的。但是在一些小企业，领导人数有限，在一定时期内董事长和首席执行官二职合一是适当的。

虽然分离董事长和首席执行官受到欢迎，但是前首席执行官继续担任董事长这种“学徒首席执行官”性的安排，不是一种好做法。首先，知道前首席执行官仍然作为董事

长留在公司，常常会导致董事会满足于选用一个二流人物，而且这个人也很难成为一个真正的首席执行官。其次，绝大多数的前首席执行官作为董事长，会保护他所选择的继任者，从而降低了因为业绩不佳而解聘新首席执行官的可能性。第三，一些人在卸任首席执行官职务、只任董事长之后，并没有真正准备好放弃他们的执行责任，在看到一点点问题时就解聘继任者，重新担起主要执行者的职责。

在董事长和首席执行官由一人兼任的情况下，为建立起有效的制衡机制，一种通常的做法是从独立董事中任命一位领导董事或称首席独立董事，负责主持外部董事例会，或承担由外部董事作为一个整体而担负的责任。

民主的决策更为科学，一元化的领导更有效率。这也许是董事会集体决策而董事长兼首席执行官一元化领导这一公司治理模式和领导体制能够长时间盛行的一个重要原因。

两职分离：何时会出现，如何会有效

董事长和首席执行官分任往往是发生在新老交替、分步接班的过渡时期中。就是前任董事长兼首席执行官先让出首席执行官职位，但仍然担任一段时间董事长职务，直到新任首席执行官得到董事会的认可，能够接任董事长职务为止。

有些情况下，分离董事长和首席执行官两个职务是公司转轨和重组的结果，是董事会担起公司危机管理责任的表现。过渡期结束，会回归到董事长兼任首席执行官的传统做法上。

公司分立则提出了另一种挑战。新的首席执行官，通常是原来主持该业务部门的总经理，会遭遇很繁重的工作任务以支撑起突然独立的企业经营。其结果，就是通常有另外一个人被任命为董事长，担负起建设董事会的工作。有时即使不是公司的股东或者母公司不放心而委任另外一人做董事长，新分立出来的公司几位经理人员组成董事会后，也有一种内在的需要，去搜寻一位年长一些、资历更高一些、经验更为丰富一些的人士来担任董事长。

很多高科技公司的创建者们，就其内心来讲是一个技术迷，需要一个职业经理人把他们的产品变成业务，并维持其运转。他们同时又要留在公司，介入公司。这种情况下，只担任个董事长，同时有另外一个人以首席执行官的身份运转公司，就成为了一个很不错的制度安排。

不是每个创业者都喜欢放手。但是创业者想要吸引一流的人才，常常需要这么做。这是一个人才博弈，“我凭什么得到最好的人才？放弃我的一部分头衔。”通过外聘来的首席执行官，还可以从其他人的失败中学到经验。

有关董事长和首席执行官是否分任，有个通常看法是公司很大才需要，小公司不需要。事实正相反。小公司中经理人员一般都很年轻，这时通常有一位董事会成员担任董事长，起一个指导者的作用，提高公司管理的专业水平。

分离董事长和首席执行官两个职位，不会总是很和谐。搞不好，两职分任可能会使企业变得很糟糕，特别是在没有一个清晰界定的职责范围，或者两个人的权力欲都很强，都爱搞小动作的情况下。制造出两个权威，会使组织陷入一种无所适从的状态。一个中心是“忠”，两个中心是“患”，几千年传承来下的中文文字里，已经包含了警惕这种糟糕状态的智慧。

当然我们也要逐步改变传统文化中一些不好的方面。只有一个人是“人”；两个人是“从”，就得一个跟随另一个人；三个人是“众”，就得一个人成为人上人。缺乏平等、协商和坦诚公开的讨论与沟通等不好的文化与行为习惯，需要逐步改正，才能适应契约文化下的现代公司治理方式。

联席制：双首席执行官

有些情况下，双董事长、双首席执行官也是一种选择。尽管这样的制度安排要远远少于董事长兼任首席执行官，以及董事长与首席执行官由两人分任。

在一些公司合并时，时常因为只有权力分享才能达成合并交易。有很多的合并不能完成，就是因为双方的首席执行官谁都不愿意让出这一最高职位。董事会为了能够留住两位人才，会任命双首席执行官。

有些时候，实际情况需要分享权力，特别是在两个公司合并之后的磨合时期。如果两个合并公司规模相当，可能是双首席执行官，共同对一个董事会负责。如果两个公司一大一小，可能是规模较大那家公司的原首席执行官担任新公司的首席执行官，而规模相对较小那家公司的原首席执行官担任新公司的总裁。

有时创建双首席执行官结构的一个理由是为了平顺地解决继任问题，双首席执行官结构可以给两个相差不多的潜在继任人选一段平等竞争的机会。尤其是在公司创建者行将退休，但是还没有一位合适的人选能够全面担起公司领导人职责的情况下，设置双首席执行官可能是一个不错的选择。

在有的公司里，新的大投资者委派人员担任董事长兼首席执行官，而公司的原创建者，要求能继续担任首席执行官，作为一种妥协的结构，双首席执行官体制也会产生。并且，这种情况下，原首席执行官保留这一头衔，对于公司的平稳运作和有效领导，尤其是维持原有人员的士气，也是一件好事。

设置双首席执行官，要有明确的职责划分和相应的组织结构支撑。一般的规则是，首席执行官的那些通常职责，如与投资者沟通、公司战略制定、向董事会报告工作等，要双首席执行官共同完成。公司内部的业务部门，可以分成两块，双首席执行官各管一块（往往也就是他们原来各自负责的那一块）。这种情况下，两个人的个人关系变得很重要，他们是否相互尊重对方的才能，个性上能否很好地合作等，都将成为影响双首席执行官体制能否良好运转的要素。

要维持双首席执行官体制有效运转，要一开始时就让公司的员工们相信这是公司的一种正规体制安排。两个人作为双首席执行官经营一个公司，相互之间就每一个重要问题的充分沟通至关重要。在向董事会报告工作的时候，双首席执行官各自汇报自己负责的业务。董事长的工作质量会严重影响双首席执行官体制能否良好地运作。董事长要主持公平和公正，化解双首席执行官之间可能的摩擦。

3. 中国公司的董事会、董事长与总裁

董事长高于其他董事和没有经理选聘权的董事会都不是真正的董事会。

大股东、董事会与总裁

公司股东（股东会）出于信任托管关系而授权给由平等的董事们组成董事会。董事们推选出一位董事长作为董事会的召集人，是下一个层面的问题，是已经授权给董事会的事项了。

董事们为了董事会的更好运作，可以在他们中自主和民主地推选出一个或两个（联合）董事长，一个或多个副董事长。这样一种情况下，一个负责任的董事会作为一个

集体是有能力也有权力管理好自己的董事长的。不仅没有一个人能够凌驾在董事会之上，甚至也没有一个人是能够跟董事会平起平坐的。

公司股东在委派董事的同时，指定董事长，这必然就导致了“董事长”成为了董事会自身无权管理的职位和人物，结果就很难避免董事长事实上凌驾于董事会之上，至少可以“平起平坐”。当有这样的董事长存在的时候，即使他不兼任总裁，规定他“不承担执行性任务”，他也不可能不对公司的执行性事务发挥深厚的影响力。进一步说，即使董事长不是股东直接委派或指定的，但如果董事长是全职，是公司法定代表人，以及董事长在公司董事会闭会期间代行董事会部分职责、在双数董事会上陷入僵局时有多一票等，都会导致董事长成为事实上的首席执行官。

增加独立董事以及建立有独立董事任职的董事会专业委员会，使中国公司的董事会建设向前迈进了一步，但是在来自股东单位的非执行董事和来自公司内部的执行董事们没有真正行使起其董事的职责时，董事会是无法实际选聘、考核和激励董事长这个事实上的中国公司首席执行官的。

大股东可以出任董事长、总裁甚或财务经理，这都没有关系，但他们各自的职责是不同的。作为股东是个“出钱”的人，承担有限责任，作为董事会是把股东的资金集中到一起进行统一管理。董事会对全体股东负责，大股东违背全体股东利益而做出某种决策，你要予以驳回，反之则要尊重。公司董事会不能切割大股东与全体股东之间的关系，要将二者当作一个整体来对待。

董事会负有公司管理的法律责任，但要通过应由董事会任命的总裁具体行使行政权力。总裁可以从外部聘任，也可由包括大股东和董事会成员在内的任何人出任，但都经董事会聘任，都需要对董事会负责。所以董事会就有权力——通过不予聘任——阻止大股东担任总裁一职。董事会的职责就是“指引方向选好人”，把握住大的战略方向，然后选个好总裁来执行。总裁无法胜任的时候随时替换，即使他是大股东。

市场经济条件下，首先是产品市场的竞争约束着企业要好好干，然后是股东和资本市场监控着公司的合规与有效运作。股东对企业应该只管到董事会。企业在董事会这个“集体”的领导之下完全按照市场规则选聘、考核包括首席执行官在内的企业高管人员。

管CEO的是董事会，不是董事长

现代公司中，董事会整体负责公司的战略性职责，董事长和首席执行官都是董事会设置的高层管理职务。董事长作为董事，与其他董事一样，是由股东选举，受股东之聘的；而担任“董事长”这一职务则是由全体董事选举，受全体董事之聘的。董事长负责董事会的组织性工作，首席执行官负责公司日常业务的管理工作，都是受聘于董事会，为董事会打工的。

在中国企业的体制演变中，总经理是清楚的。1980 年代开始企业改革之后，原来是书记、厂长说了算的状态逐渐演变为总经理说了算。进入 1990 年代中后期，根据公司法改制为公司后，要求设立董事会，并同时要求设立董事长。2006 年修改后的公司法生效之前，董事长还必须是公司的法定代表人。这回不像厂长改为经理那样，同样一个管事的人换了个叫法，而是新生成了一个职务。如果是董事长兼总经理事情还相对好办一些，可偏偏又是普遍要求董事长和总经理要分任，这两个职务之间“谁大谁小”“谁是单位一把手”就有点模糊不清了。

导致这种现象的原因是过于强调“董事长”的角色，而对董事会作为一个整体的角色重视不够。以至我们有些公司里没有董事会，但是有董事长。现代公司中作为董事会主席的“董事长”，只是董事会运作上的一个需要，是公司内部的事情。公司归董事会管理或在董事会指导之下管理，公司在董事会之下设置哪些执行性职务，多与少，兼任与分任等，完全是每一个公司根据自己的股东和股权结构以及企业规模和业务状态而定的事情。

董事过半数选举产生董事长，董事会聘任经理人员

阻碍中国公司董事会真正到位的原因有很多，但是其中最关键、最致命是两个：制度设计上的董事长高于其他董事一等；实际执行上的董事会不能真正掌握经理的任命和解聘权。

国有公司的“董事长、副董事长，由国有资产监督管理机构从董事会成员中指定”（《公司法》第六十八条），而不是如一般有限责任公司那样，“董事长、副董事长的产生办法由公司章程规定”（《公司法》第四十五条），或者如股份有限公司那样，“董事长和副董事长由董事会以全体董事的过半数选举产生”（《公司法》第一百一十条）。由此导致的结果是，董事长总要凌驾于董事会之上，或者是在董事会之外的一个单独的公司机关。这样的董事

会如何能作为一个“集体”而发挥督导公司的作用呢？

制度设计上国有企业董事长高于其他董事一等既源自公司法，也源自国有企业干部管理制度。从公司法上来说，国有企业既然要设立董事会，并且已经由国资部门任命全体董事了，为什么就不能进一步“信任”董事，跟普通股份有限公司一样，由董事们过半数推选董事长？反过来说，既然连他们作为一个整体如何运作，由谁来做“主席”组织和召集会议都不能给予“信任”，还何谈国有企业的董事和国有企业的股东——国资委之间能形成一种“信任托管”关系。而股东与董事之间的“信任托管”关系，是公司制企业治理结构的基石。

与董事会不能选举产生董事长——自己决定谁是自己的主席——同样关键的一个问题是，实际执行中董事会不能真正有权决定经理人选。选聘和解聘经理这条不能真正落实的话，书面上授予董事会的其他各种权力如战略制定等也就都成了一纸空文。

不能自己推选董事长和不能选聘总经理的董事会，就不是真正的董事会。现在有些企业能做到董事会选聘总经理，算是向真正董事会迈进了半步，如果再迈出另外半步——董事会自己推选董事长，就算迈出了完整的一步。

4. 中国公司的两职设置问题

没有明确首席执行官职位的中国公司中，实际谁是首席执行官有以下几种情况。董事长兼总裁的人是首席执行官，等于董事长和首席执行官两职合一。在董事长不任总裁并且不是每天在公司上班，即董事长为外部董事长或说非执行董事长的情况下，总裁为首席执行官，等于是董事长和首席执行官分任。在上述两种情况之外，董事长不任总裁但每天在公司上班，董事长为首席执行官的可能性大一些，但也可能董事长和总裁都是首席执行官，即双首席执行官。

不要强求两职分任

中国现行政策和公司治理指引中都强调董事长和首席

执行官要分任。如何把握好他们之间的分工和各自的职权范围，成为企业运作中的一个难题。搞不好，不仅影响一个有效的企业领导体制的建立，甚至会走向激烈的企业内部斗争。

人天生都是政治动物，有人的地方就有派系之争。法治化管理和企业文化建设都只能是让政治斗争在一定的规则之下运作，不至于走上极端，导致组织的分裂。完全没有内部政治，也往往容易走向完全没有内部竞争的一言堂和一潭死水状态，又会失去一个组织来自内部的创造性和活力。处在不同行业和不同成长阶段的企业，其组织内部合适的竞争力度应该是不同的。这又给我们把握和处理好企业内部政治问题增加了一个难度，不能简单化地靠一纸条文来解决这一问题。

企业内部政治问题很严重的话，不仅会影响到企业运作，还会影响到公司与股东，以至银行和政府关系。股权多元公司的股东，为了自身利益，可能会以其作为股东的“选票”与经理人员的执行权力进行“交换”，获取一些有利的关联交易，在关联交易中赚回更多的利益。这会给企业制度建设和公司治理规范化带来极大的障碍，使一些非常不合理、不规范甚至是不合法的做法，加盖上合理、规范与合法的股东大会和董事会的“橡皮图章”。

不管董事长和首席执行官两个职务是分任还是合一，解决问题的一个重要方法是增设公司董事会执行委员会，把董事会闭会期间的权力授予董事会执行委员会。同时强化董事们作为一个集体、一个团队平等地肩负公司战略决策和指导及监控公司经营责任的公司治理理念。

再一个重要问题是董事会和执行层之间的权力划分，每一官职或管理职务的职位描述清晰。公司的规模大小、所处行业和增长阶段不同，这些管理职务之间的具体权力分配都应该不同。公司要随着业务发展情况不断地重新设计和调整组织结构，重新定义重要管理职务的权力和责任，重新调整薪酬体系，重做职位描述和岗位责任手册。

分任情况下的两职关系

董事长和首席执行官（总裁）关系问题的实质是董事会的团队建设，有了强有力的董事会之后，董事长和首席执行官的关系就好解决了。

问题的关键在于做好董事长和首席执行官以及其他高管职务的职位描述。但是谁来给公司董事长和首席执行官做职位描述，如何作出一个切合公司实际情况的董事长和首席执行官职位描述，又如何能让公司董事长与首席执行官的实际领导和管理行为与这种规范的职位描述相互匹配，在实践中能既没有两者职责冲突与矛盾的交叉地带，又没有无人真正负责的空白领域？在这里，外部咨询机构只能担任一个提供专业意见和帮助解决问题的角色，而实际问题的有效解决只能靠董事长和首席执行官之间的相互沟通与协调来完成。

对于董事会主席和首席执行官职责分工，一种标准做法是“董事会主席负责董事会以及相关事务，而首席执行官则负责所有董事会之外的事务”。在公司内部，所有管理的指示都由首席执行官作出，因而不会导致“双头领导”，不清楚到底谁在管理上负责的问题。

在任何一家公司里，无论董事会主席和首席执行官具体如何分工，都要有两个基本的前提：一是明确两个职位之间是互补关系而不是竞争关系，二是两人之间必须相互信任。

董事长先写下来自认为应该承担的职责，然后与首席执行官进行讨论，作出必要的修正，达成共识。董事会主席和首席执行官之间只需要就其中一个职位的具体职责范围达成共识，那些没有包括进来的事务自然是另一个职位的份内之事。他们之间的关系应该在一开始就明确下来，然后根据彼此的性格以及公司事务的需要而随之发展。在这里，一个关键点是董事会必须了解董事长和首席执行官就他们之间的职责分工所达成的共识，并且对这一做法给予认可和支持。

5. 董事会秘书

董事会秘书在英美公司法上被称为公司秘书，是公司必设的一种法定机关。董事会秘书是决定董事会质量的一个重要因素，是公司在诸多方面能否合法合规顺畅运作的一个重要影响因素。

董事会秘书的法律地位与工作职责

在公司法和公司治理基础规则上，公司秘书（董事会秘书）首先是一种职责，然后才是一个执行此种职责的管理职位。公司秘书（董事会秘书）本身就是跟董事会一样的、公众公司所必设的一种内部治理机制。

作为一种法定机关，董事会秘书的职责贯穿于整个公司。大致可以把董事会秘书的职责划分为三类：为董事会服务，为股东服务，为公司服务。

为董事会服务。董事会秘书要确保适当的董事会运作程序到位并被遵守，治理规则得到执行。董事会秘书要配合董事长准备会议议程，向董事会成员发放会议议程、会议资料，为会议提供其他一些秘书性的工作支持，在会议中提供有关法律和监管政策方面的咨询，记录、发放和保存董事会纪要，保管法律和监管政策要求的法律性文件，需要时向董事会成员传达有关公司的信息，跟踪并保持告知董事们有关公司治理的当前思想和实践动态等。

为股东服务。董事会秘书是公司联系股东和机构投资者的主要节点。特别是在有关信息披露、股东大会和公司治理事务上，董事会秘书要确保有关沟通渠道的通畅和信息的全面、准确。

为公司服务。董事会秘书应保证公司遵守与本公司业务活动相关的法律法规和行为准则。

董事会秘书的管理人员角色

在中国，董事会秘书必须是自然人，是公司的全职工作人员，但在有些国家，董事会秘书可以是自然人，也可以是机构，可以是兼职的，可以是会计师事务所代理的。董事会秘书可以是董事，也可以不是董事。在没有合适的董事会秘书人选情况下，可以由公司的一个部门承担董事会秘书的职责。中国公司法规定上市公司的董事会秘书属于公司高级管理人员。在非上市公司中，董事会秘书算不算公司高级管理人员，可以由公司在章程中自己决定。

在香港，上市公司秘书必须是自然人，但非上市公司的秘书可以是机构。上市公司秘书可以由董事出任。根据联交所上市规则，上市公司的秘书须为一位常驻香港的人士，必须具备上市公司秘书职务所需的知识和经验。具体说，上市公司秘书必须具有以下专业资格中的一种：特许秘书及行政人员工会香港分会会员；律师或大律师；专业会计师。

在董事会秘书是自然人并且是董事的情况下，要根据他是否有其他身份来判定他是执行董事还是非执行董事。仅就其董事会秘书职责来说，不能看作是管理层人员。作为自然人的董事会秘书，如果同时是公司全职工作人员，他很可能要承担董事会秘书职责之外的“管理性职责”，这时也许应该把董事会秘书看作是执行董事。

公司秘书或称董事会秘书，与董事长、总裁、财务经理和总会计师等公司常见高管职位一样，属于高级管理人员，归董事会管理，由董事会选任和解聘。换言之，董事会秘书不是董事长秘书，其责任对象不是董事长个人，而是公司和整个董事会。这是中国公司要特别注意的一个问题。

董事会秘书的素质要求

董事会秘书的最重要素质要求是法律和会计方面的专业资格和知识，这可以说是董事会秘书需要具备的硬素质。

从公司法的硬性要求角度来说，只对董事会秘书有明确的职业素质要求。英国 2006 年公司法，对公司董事只有需要年满 16 岁这一要求（英国 2006 年公司法第 157 条）。即使你小学都没毕业，你一样可以成为公司董事。即使你博士毕业，但是你没有法律或会计等相关的专业资历，也没有担任过董事会秘书或其他专业团体中的类似职务，你也不能被聘为董事会秘书。

硬性的专业资历是成为董事会秘书的入门条件，但这仅仅是一种任职资格，并不能保证你成为一个实践中的高素质的董事会秘书。要成为一个实践中的高素质的董事会秘书，还需要诸多方面的职业素养，软实力。作为公司董事会秘书，也许不像公司董事长兼首席执行官那样要对公司全面负责，但是他的工作所涉及的范围却是同样大，甚至是更广。

董事会秘书要负责组织董事会会议、股东会议，这要求其在熟知相关法律法规要求的同时，具备有效组织会议方面的能力。董事会秘书要负责信息披露和股东沟通工作，这要求其在理解公司财务和会计的同时，还要理解公司战略，特别是并购和重组等直接与资本市场相关的问题。

董事会秘书要为公司服务，要作为一个公司治理专业人士从整体上监控公司运营的合法合规性及是否完全遵守了公司行为准则。要能及时捕获、精准获取有关信息，并能正确有效地处理相关问题。要了解公司外部治理体系，密切关注和把握公司外部治理动态。要掌握公司内部治理机制的设置与运作，监控公司内部治理运作流程，遇有不畅要及时进行梳理和改进。

6

章

审计、薪酬与治理：董事会的委员会

1. 董事会委员会的类型、规则与会议
2. 董事会审计委员会
3. 董事会薪酬委员会
4. 董事会提名与治理委员会
5. 执行委员会与紧急状态下的董事会

在不违反公司法的情况下，股东可以在公司章程中，对董事会委员会的组建及运作设定一些基本规则。在遵守这些基本规则的情况下，董事会委员会的具体组成、职责和运作方式等都由董事会决定。

1. 董事会委员会的类型、规则与会议

董事会是作为一个整体来担负公司管理职责的，在董事会下设一些独立的委员会，只是为了更有效地发挥董事会的监督、制衡及决策作用。这些委员会可以是就特定事项而设立的临时性质的，也可以是常设性质的。

两种类型的董事会委员会

现代公司董事会内部，通常有两类委员会：一类是公司治理类的委员会，成员以非执行董事为主，主要执行董事会的监控职能，目的在于规范运作；二是公司管理类的委员会，主要执行董事会的战略和管理职能，目的在于帮助公司取得更好的业绩，成员包括非执行董事和执行董事。

常见的公司治理类委员会包括执行委员会、审计委员会、薪酬委员会、提名和治理委员会等。这些委员会主要是为了确保公司规范运作和保护股东利益，处理的是一些执行董事和经理层人员有利益冲突的事项，其组成和运作都要受制于监管部门和证券交易所的一些规则的限制。

董事会仅靠每年 10 次左右的全体会议很难从组织上有效地履行其职责，因此，董事会中通常设置一些专业委员会，分别负责协助董事会做好相应的专业领域里、公司管理性质的工作。常见的董事会内部的公司管理类委员会包括战略与风险委员会、政策与公共关系委员会以及投资委员会、技术委员会等。

管理类委员会主要是为了确保高层战略管理上的有效性与质量，各公司之间差异很大，在其组成和运作上，董事会有非常大的自主权，可以根据情况变化组建一个新的委员会或解散一个现存的委员会。这类委员会一般是向董事会全体会议报告和提出建议，不做最后决策。

上述两类委员会都属于董事会内部的专业委员会，成员都是董事，执行的是董事会职权范围之内的事项，非公司董事会成员只能作为该类委员会的顾问或者是支持人员，不能有正式的投票权。此外，很多公司还设立了包括非董事会成

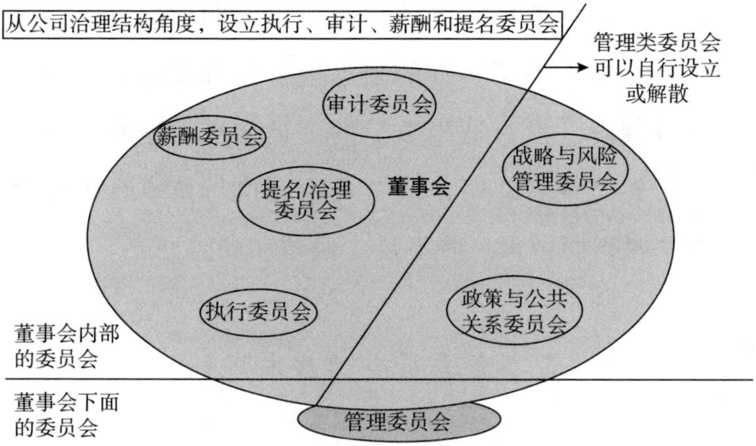

图 6-1　董事会的委员会

员的高级管理人员在内的董事会下面而非董事会内部的执行公司管理职能的委员会，通常称作集团管理委员会，也有叫做执行委员会的（注意，这个是执行管理层的委员会，不同于董事会内部、担负闭会期间董事会职责的董事会的执行委员会）。这类由董事会成员和经理层人员共同组成的委员会，规格低于董事会和董事会内部的委员会，但高于公司首席执行官以及纯粹由经理人员组成的一些管理层委员会。

董事会内部委员会的数量并非越多越好，因为董事会委员会所承担的也是董事会授权和董事会分内的事务。就公司治理需要来说，审计、薪酬、提名以及中国公司更为需要的关联交易审核等事务，都需要有称职的独立董事起主导作用。独立董事占多数并担任主席职位的委员会是在整个董事会中占不了多数的独立董事充分发挥作用的一种重要制度保障。没有适当数量的委员会承担这些相应的职责，则必然是或者忽略，或者是由有执行董事在内的全体董事共同履行而带来一些不足、偏差和利益冲突。

董事会委员会的基本规则

董事会委员会是在全体董事会成员授权之下，行使一部分董事会的权力。这些委员会的权力不能超越董事会自身所拥有的权力。董事会委员会无权修改公司章程，无权决定公司并购或合并以及公司分红和发行股票等事项。

董事会委员会成员的委派有三种模式：一是直接由董事会任命，二是由董事会根据提名和治理委员会的推荐任命，三是直接由提名和治理委员会负责。无论采用哪种模式，委员会成员的委派都要基于他们的具体能力和经验，每个委员会作为一个小组要具有有效完成职责所要求具备的能力和经验。要每年评估一次委员会的构成情况。

董事会有权无需任何理由，随时变更或辞退委员会成员、填补委员会空缺、改组或解除任何一个委员会。委员会的任何成员有权随时以书面形式向董事会提出辞职。

董事会的每一个委员会要有自身的书面章程，委员会章程要包括如下内容：委员会的使命、委员会的职责、委员会成员的资格要求、委员会成员任命和解聘的程序、委员会的构成和运作等。

董事会及其各个委员会拥有在其认为必要时聘请或解雇独立法律顾问、财务顾问及其他外部顾问的权力，无需事先与公司任何经理人员商讨或获取其批准。这是一个未必真的使用但却至关重要的权力，是一种威慑性的力量。没有这种威慑力量，经理层就会做手脚，欺负“不懂事的董事”。

董事会委员会的会议

董事会委员会在一些具体事项上协助董事会，深入研究到一定程度，给董事会提出建议。

因为其对公司战略和公司业绩所担负的职责，首席执行官经常在全体董事会会议议程制定上起重要作用。但是董事会的委员会应该独立于经理层的控制。

董事会委员会运作，会议频率、时间和议题的确定，有两种模式：委员会主席为主决定和董事会主席为主决定。

委员会主席主导模式。各个委员会主席根据委员会章程规定及经与委员会成员商讨确定委员会会议的频率和长度，并经与高级经理层的商讨确定委员会会议的议程和议题。

董事会主席主导模式。通过与公司秘书处（董事会秘书办公室）、各委员会主席以及高层管理人员的充分讨论，董事会主席决定各委员会会议的频度及会议时间的长度，并制定出会议议程。

无论是委员会主席主导模式，还是董事会主席主导模式，董事会中的各个委员会应在每年年初对当年将讨论的议题，确定一个年度计划，并呈交全体董事。所有董事共享各委员会的会议议程与会议纪要。

委员会会议由委员会主席主持，主席不能出席时可委托另外一名委员主持。独立董事可以参加所有委员会的所有会议，不论其是否是该委员会的成员。可以邀请公司董事、监事及高级管理人员列席会议，但会议讨论议题的当事人应回避。

除紧急情况外，至少提前两天将会议议程及完整材料送至所有委员会成员。每次委员会会议之后，要向董事会报告。会议形成的议案及表决结果，应以书面形式报董事会。

所有的委员会会议都要保持完整的会议记录，出席会议的委员应当在会议记录上签名，会议记录由董事会秘书保存。

2. 董事会审计委员会

现代商业交易的复杂性和股权分散之后股东远离公司，公司的监控体系相应地从股东直接监控逐步发展到了由外部审计师和董事会审计委员会共同构成的一种专业和独立的监控体系。

最初的审计委员会只是为了完成董事会在监控公司财务报告及相关领域的职责而建立的。但是随着公司治理运动的加强，审计委员会开始介入到公司责任和治理领域，特别是着重于公司的风险与控制问题，其监控领域已经不再限于财务，而是包括了公司合规系统与流程，确保公司能够满足法律和伦理标准。

审计委员会的构建

审计委员会的一个重要职责是避免那些与审计师关系密切且有影响力的执行董事，如财务总监或首席执行官，在审计报告提交董事会之前，先行处理报告中提出的问题。因此，审计委员会成员必须从非执行董事中任命，并且其中绝大多数的非执行董事应该是独立的。

应该由一位有担任公司首席执行官经验的非执行董事担任主席，这样可以发挥其对企业经营中一些实际问题的洞察力，更好地理解和审视财务报告背后的行为，对于改进公司的财务报告系统、内部控制系统、内部审计和外部审计以及财务信息的对外披露等都会大有裨益。

由于审计委员会是投资者最为看重的机构，上市公司有必要让一位省外或者境外非执行董事进入审计委员会，这样可以充分表明公司经营上的高度透明，在审计委员会处理与外部审计师关系中也会有所助益。审计委员会的第三位成员为财务或经济专家，为审计委员会提供专业方面的判断能力。

大多数公司审计委员会一年召开四次左右的定期会议。

在定期会议基础上，审计委员会有权在需要的时候召开特别会议。审计委员会主席负责审计委员会会议议程的准备工作，与CFO、内审主管和外部审计师制定出详细的议题和时间安排，准备好相关资料，事先发送给所有审计委员会成员。

审计委员会的财务报告责任

对于年报和季报等正式的财务报告，审计委员会要在其公布之前进行评估，并与管理层和独立审计师讨论，包括年度财务报告中要在“管理层有关财务状况和运营结果的讨论与分析”这部分中披露的内容。

在进行有关年度和季度财务报告的核查过程中，审计委员会要从首席执行官和首席财务官那里得到有关下述问题的报告：公司内部控制方面任何设计和运行上的低效和缺陷；管理层或其他在公司内部控制方面担负重要职责的雇员的欺诈行为。

审计委员会要评估和讨论来自独立审计师的定期报告。包括：关键会计政策和做法；在公认可接受的会计准则之内有关财务信息的其他处理方法；独立审计师和公司管理层之间的其他书面沟通资料；审计过程中遇到的困难，包括任何活动范围和获取信息通道的限制，任何与管理层的严重分歧等。审计委员会应该帮助解决审计中遇到的困难，并要与独立审计师就“审计准则”中有关审计行为规范的问题进行讨论。

审计委员会至少要每年一次与管理层和独立审计师就有关公司会计政策问题进行讨论。包括监管和会计的宗旨，资产负债表表外的业务结构（主要是金融类企业）及其对公司财务报告的效应，编制公司财务报告中运用的会计政策，特别是那些需要管理层做出决定和判断的会计政策问题。

审计委员会要审查和评估公司的内部控制结构和财务报告流程，要定期评估内部控制结构和财务报告流程方面所存在的缺陷，包括任何控制和流程上的低效或无效，任何与控制和流程不相符的事项。与管理层讨论公司所面临的主要财务风险及管理层所采取的监测和控制这些风险的步骤，包括公司的风险诊断和风险管理政策。

审计委员会要建立起有关会计、内控和审计事务投诉的一套接收、保存和处理流程，包括公司雇员有关公司可疑的会计和审计事务的秘密和匿名呈报。这是保证审计委员会能够切实发挥作用，而不是一直被蒙在鼓里的很重要的一个办法。很多公司欺诈问题的揭露都与一位首先对公司财务问题提出批评并一直坚持揭露公司财务问题的内部关键人员有关。

合规与风险管理

审计委员会的职责是以财务类问题为主，但是不能就财务而财务，仅仅停留在财务问题上。财务是公司经营的一个综合的反映和结果。审计委员会职责的有效完成，需要其深入到与财务有关的公司经营的各个层面。

（1）企业合规管理

审计委员会肩负着公司运作合规性的监督职责。为此，审计委员会要定期地与公司管理层包括公司法律顾问、公司的独立审计师，讨论公司运作与监管部门或政府机构规范要求的一致性，公司的任何重大法律问题，以及公司遵守相应法律和监管规则的情况。

监控公司与其高管人员之间的利益关系是确保公司运作合规性的一个重要方面。审计委员会要审查和讨论审计师有关公司与其高级管理成员之间是否存在利益冲突和公司支付给高级管理人员职务特权和额外报酬的费用情况的报告。

审计委员会要从公司管理层收到并讨论年度或按其所要求频率的有关下述各个方面问题的公司运作合规性报告：合规性，包括公司对各个方面规则的遵守情况；内部控制和报告要求；税收问题；欺诈和营运损失问题；技术和信息安全问题等。

为了确保公司运作各个层面上的合规性，及时发现任何可能的不合规行为，董事会或其审计委员会要确保一个对不良行为的抱怨或揭发通道。公司需要有一个“警哨程序”，让雇员和其他人能够有一个通道报告他们发现的不良或欺诈行为，以使董事会能够早采取纠正行动。这一警哨程序要能让雇员感到足够安全地分享敏感信息，并且能以匿名方式进行。必须让雇员相信他们所吹出的警哨会被认真对待，因此要在整个公司内沟通有关这个警哨程序的信息。

（2）风险管理委员会

风险以及如何管理风险是当前绝大多数公司中有关内

部控制和战略发展的主导性话题。风险也代表着机会，有效地管理风险是一个治理良好公司的重要成功要素。实施风险管理，可使公司风险最小化，降低消极事件带来的不利影响，减少引发公司危机的风险，缩短危机应对时间，在危机中继续前行。

董事并不一定要为所有的企业财产损失结果负责，但是如果这种损失是由于缺乏一套有效的企业风险管理与内部控制系统，以及公司行为不合规而导致的，董事则会被追究责任。

审计委员会是最为常见的担负监控公司风险管理责任的机构。但是审计委员会已经肩负了很重的财务报告责任，为此，董事会可以考虑将非财务报告方面的风险管理监控职责赋予另外一个委员会，与审计委员会协同作业。此时，审计委员会和风险管理委员会都对整个董事会负责，向整个董事会报告工作。

风险管理委员会应包括独立董事，且至少有三名成员。该委员会必须要高度独立，以监控运营单位的风险管理。

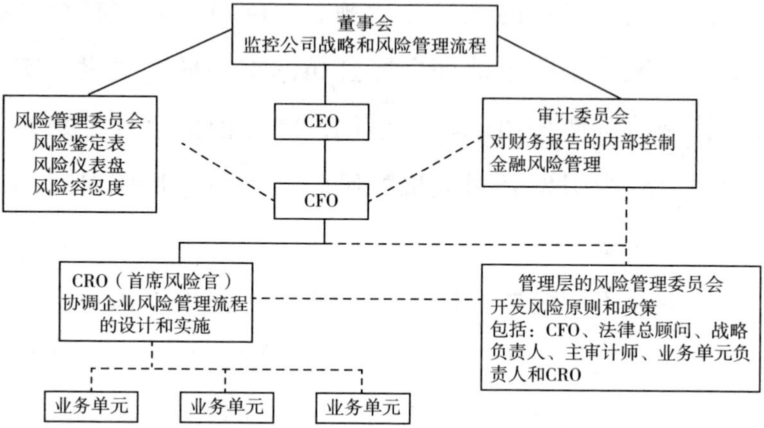

图 6-2 企业风险管理职责架构

董事会管理公司风险的三个步骤

公司董事会处在“不出问题就不管事”，甚至是“出了问题也不管事”的状态，将使公司及董事自身都处在极度风险之中。人们质问，那么多的公司出现经营和财务危机，为什么董事会不知道发生了什么，如果知道，为什么没有采取纠正行动？如果董事会能够及早发现问题，及早采取纠正行动，很多情况下可能就不会走到被并购、重组以至破产境地了。在内部控制和风险管理方面，有效董事会的良好做法包括三个步骤：确保建立一个内部控制系统，采用一个系统的方法进行风险管理，至少以年度为单位进行内部控制和风险管理系统的有效性评估。

（1）建立一个内部控制系统

没有公司能够不首先创建一个基本的内部控制系统来保护股东的投资和公司的资产而期望能有效地管理风险。从食品到金融服务等产业，不合规行为的曝光，不仅仅会招致监管部门惩罚的风险，而且会对公司的信誉和投资者信心造成很大的负面影响。

内部控制系统应该做到：使公司能够对重要的业务、运营、财务和合规性风险做出恰当的反应；防止资产被不适当地使用，以及因疏忽和错误而受损；通过恰当的记录保存和信息流维持，保证内部和外部报告的质量；促进与相关法律、监管规则的一致性。

管理层应该识别和评估公司面临的风险供董事会参考，并且设计、运营和监督一个合适的内部控制系统，以贯彻落实董事会的决策。

（2）系统地管理风险

董事会应该确保公司有一个持续的流程识别风险、评估其影响，以及采取必要的行动管理风险。传统上，董事会可能是一个被动的角色，在事后才被告知主要的风险，才介入进去采取一些纠正行动。这一方法导致公司总是暴露在新出现的风险之中，承受潜在的损坏性结果、商业上的损失或是机会的丧失。

真正需要的是识别和管理风险的一个系统方法。要检查达到关键目标所会涉及的风险——包括成功的潜在障碍和对取得成功至关重要的因素。这应该涵盖经济、政治、竞争、环境和技术各个方面的风险。基于这一分析，能够决定管理这些风险所需要采取的行动，并且进一步识别和实施确保这一行动能够奏效的额外控制措施。

（3）内部控制系统有效性评估

一旦建立了一套内部控制和风险管理系统，董事会应该确保对其有效性进行定期评估。这一评估至少应该每年进行一次，向董事会或者审计委员会提交一份评估报告。评估范围应该包括从财务、运营到合规等各方面的控制手段。在这一评估中，董事会要考虑决定识别、评估和管理什么程度的风险。如果发现有任何重大的控制薄弱环节，要考虑如何处理以及采取什么样的纠正行动。

3. 董事会薪酬委员会

从公司诞生的第一天起，解决董事和高管薪酬决定中的利益冲突问题的机制在任何一个良好治理和健康发展的公司中都是实际存在的，否则股东的钱财早都进入董事和经理的腰包里了。

薪酬委员会的职责

一个卓越和良好的薪酬战略不会自动产生，它是独立和富有经验的薪酬委员会成员努力工作的成果。薪酬委员会负责研究公司报酬政策，以能够吸引、留住和激励公司董事和各层管理人员。

薪酬委员会的独立性要求很高，要选择那些在各个方面都满足独立性标准的董事出任薪酬委员会成员。薪酬委员会成员，应与薪酬委员会所涉及的问题无个人经济利益关系，也没有因交叉担任董事而产生的潜在利益关系，并且不参与公司的日常经营。

薪酬委员会根据董事及高级管理人员管理岗位的主要范围、职责、重要性以及其他相关企业相关岗位的薪酬水平制定薪酬计划或方案，包括绩效评价标准、程序，奖励和惩罚的主要方案和制度等。董事会也可以授权薪酬委员会定期评估首席执行官、其他高层经理以及董事会自身的绩效，这也是制定公司合理薪酬计划的根据。

薪酬委员会每年要审查和批准与首席执行官薪酬有关的公司目标，根据这些目标评估首席执行官的绩效，并就此向董事会提交一份报告。薪酬委员会每年审查和决定首席执行官的基本薪酬、激励薪酬和长期薪酬，并向董事会报告委员会的决定。在确定首席执行官的长期激励薪酬时，薪酬委员会要把公司绩效、股东回报、可比公司首席执行官类似奖励的价值等因素纳入考虑范围。

薪酬委员会还要每年审查和批准首席执行官之外的其他高级管理人员的薪酬。每年审查公司的雇员薪酬战略和雇员福利计划。

可以在薪酬委员会下设工作组，可以挂在公司人力资源部门，专门负责做好薪酬委员会决策的前期准备工作，筹备薪酬委员会会议，并提供公司有关经营方面的资料及被考评人员的有关资料。

专栏 6-1　薪酬委员会会议需要的资料清单

①公司主要财务指标和经营目标完成情况；

②公司高级管理人员分管工作范围及主要职责情况；

③高级管理人员岗位工作业绩考评系统中涉及指标的完成情况；

④高级管理人员的业务创新能力和经营绩效情况；

⑤按公司业绩拟订公司薪酬分配规划和分配方式的有关测算依据。

薪酬委员会应该每年提交给年度股东大会一份单独的薪酬委员会工作报告。报告的格式不应一成不变，应考虑到每年的情况是否一样，报告中某些项目是否需由股东大会通过并将结论记录在案。

薪酬委员会成员名单应列在委员会对股东所作的年度

报告中。薪酬委员会主席要出席股东大会，直接向股东解释公司的薪酬政策，回答股东有关薪酬方面的问题。

建立起有效的薪酬与激励体系

为吸引、挽留和激励董事和高管，薪酬委员会必须提供相应的薪酬安排，但应避免支付过多而不必要的薪酬。薪酬委员会要设定一个广泛的绩效指标范围，包括财务和非财务指标，如市场份额、顾客满意率等，这些要反映在决定个人薪酬的指标中。

目前的趋势是不仅看内部绩效指标，也要考虑外部基准。薪酬委员会应该确定公司和其他公司相比处于哪个位置上。应了解这些可比公司的薪酬待遇情况，并采取相应的行动。薪酬委员会应对公司情况有广泛的了解，包括招工情况和薪酬情况，特别是在每年加薪的时期更需如此。

在设计和业绩挂钩的那部分薪酬时，应该以达到股东利益和高管利益一致，激励高管最大程度地勤勉尽责为目标。激励计划应当根据公司目标是否实现和实现程度来作出。应该设定一些具体标准，来反映公司经营状况和其他可比公司相比所取得的成就。反映公司业绩的一些关键指标应该包括总体股东回报等指标。

新的长期激励计划应能更好地取代现行激励计划，或者是一个经过周详考虑的完整计划的一部分，与现行激励计划有机结合成一个整体计划，能得到股东们的批准。根据股票期权计划和其他长期激励计划发放的奖励，通常都应分期兑现，而不是一次性支付。不应以比现行股价更低的执行价格发放股票期权。

首席执行官的薪酬计划应该是与其他高管的薪酬计划以及整个公司的薪酬计划相匹配的，它们之间不能存在激励目标上的冲突。

所有权文化与员工参与

激励机制是公司治理的一个核心内容，正向和相容性的激励机制本身就是一种良好的公司治理做法。

（1）创造所有权文化

股权激励，或者说是基于股东价值的经理薪酬，是解决委托代理问题、改进公司治理的一种重要方法。正确地设置股权激励机制，就是要把经理层和股东的利益更紧密、更直接和事先确定好规则地结合起来，股东就可以相对更放心并放手地让经理们自主地发挥他们的才干和专业知识，按照他们自己理解的最佳做法行事，在追求其自身利益最大化的同时带来股东利益的最大化。

通过股权激励措施，创造出一种所有权文化，让公司从股东到董事、高管和员工都能心往一处想，劲往一处使。这需要股东股份（所有权政策）和董监高保有股份（所有权承诺）两个方面的协同努力。

第一，提高并保持一定比例的高管所有权比例。

公司高管股票所有权政策大概可以分为三类：最普遍的是规定高管必须持有一个相当于其年薪多少倍的公司股票价值量；其次是规定高管必须持有一定数额的公司股票，这种方法避免了第一种方法中由股价波动带来的操作上的麻烦；第三种方式是对高管从长期激励和奖励中所获公司股票规定一个最低保留和持有年限，这种方式可以和前两种方式中的任何一种结合使用。

第二，通过所有权承诺，创造积极的所有权文化。

至少 50% 的董事费以公司股票或公司股票期权的方式支付。

所有高管层人员年度奖金的一个很大部分以受限或延

迟股票的方式支付。

通过各种项目为高管层以下的雇员提供持股机会，如股票购买计划。

所有董事会成员和高级执行官员都要至少持有其过去授予的、当前持有的和未来会奖励的公司股票的75%，只要他们仍然是董事或高级执行官员。

（2）员工参与：所有权激励效应的实现

员工持股能把员工与企业利益捆绑得更紧，带来正向的激励作用。但是另一方面，要对其发展过度的潜在危险有充分认识。如果持股过多，会导致不合理的员工个人资产组合，使员工承担过重和无力承担的风险。

任何公司都不是绝对安全的，都有倒闭的可能。员工的人力资本已经完全投入到一个企业中了，如果再把他们相当大部分的个人财产也投入到同一个企业中，该企业一旦遭遇困境或者倒闭，员工将同时失去他们的工作和个人财产，这是一种不可承受的风险，违反了最基本的风险分散原则。

更重要的一个问题是，如何能让员工持股真正带来激励效应。没有管理上的授权相配套的股权，即使不能说是没有价值，至少其价值要大打折扣。员工对影响他们工作事项的决策的参与机会是能够提高员工对股权激励响应程度的重要因素。员工所有权对企业绩效影响的作用机制是员工参与。

卓越绩效来自为顾客提供比竞争者更好的价值。做到这一点需要通过信息的处理和基于信息处理的积极和明智的行动。没有人比员工与顾客有更为频繁的接触，也没有人比员工距离每日的产品生产和服务提供活动更近。采纳员工的思想和员工所占有的信息，找出做最重要事情的最佳方式，需要从员工中寻求有益见解。

只有参与能够将所有权的激励作用转化为企业的效益。不同的公司之间，员工参与的结构和方式方法差异很大，但是其基本的要素都是组成各种员工小组分享信息、生成想法和形成建议。削减监督层次，给员工更多的自主权，组建给管理层提供咨询意见的员工顾问委员会，管理层与随机挑选的员工之间的定期会议，设置建议箱等，能够提高员工参与程度的各种办法都可以采用。

企业控制权变更时的经理人保护安排

并购与重组等企业控制权变更对于资源的整合与有效

配置，尤其是对于股东价值的创造，具有重要意义。但是如果其中有关经理人，尤其是首席执行官的利益处理不好，则会产生巨大的阻碍甚至是破坏作用。

控制权变更安排的宗旨是要激励经理人能够持续地以公司和股东的最大利益为目的行事，减低因为控制权变更带来的经理人对其职业前景的潜在焦虑。公司设置这些控制权变更时的制度安排，可以确保发生并购情况下管理的连续性，也可以用做一种吸引和留住那些优秀经理人的手段。

什么是控制权变更，即满足什么条件算是公司发生了控制权变更而需要给经理人提供补偿和保护？通常用来界定公司是否发生了控制权变更的标准有如下几个方面。首先，公司的投票权是否发生了变化，如某一股东获取了某一比例的投票权。其次，公司是否发生了收购、合并和重组行为。再次，更换了董事会的大多数成员。第四，出售了公司的全部或者相当大部分资产。第五，公司清算或者解散。上述标准中的最后三项是控制权变更安排中普遍采用的标准，前两项标准的采用及其具体比例的设定则因公司而异，相互差异很大。

公司可以通过各种各样的方式来为其经理人和关键雇

员提供控制权变更保护。归纳起来主要有下述三大类方式：一是单个的个人雇佣协议，二是统一的公司政策，三是通过股权激励计划提供的控制权变更保护。具体采用上述哪种方式，或者是它们的某种组合，要根据公司的具体目的来决定。

由个人雇佣协议所提供的控制权变更保护（也就是通常所称的“金降落伞”）一般限定在少数高层经理人员。通过公司政策提供的控制权变更保护，则通常要涵盖更多数量的雇员，更深入到组织的各个层面。这一措施更为普遍地与公司业务终止相联系，而不仅仅限于控制权发生变化。股权激励计划也可以包括控制权变更保护，而且股权激励计划所涉及的范围更宽，纳入股权激励计划中的控制权变更保护通常也涵盖组织中更大数量的雇员。

有关控制权变更的定义，可以在个人雇佣协议、公司政策和股权激励计划中给出。在股权激励计划、个人雇佣协议和公司政策中，对控制权变更界定的标准可以不同。

通常采用 20% ~ 50% 之间的某个比例作为因投票权改变导致控制权变更的界定标准，具体比例的确定取决于公司的规模和股权集中度等。对于因收购、合并或重组而导致的控制权变更，有越来越多的公司增加了额外的界定标准，如公司前股东在新实体中继续持有的有投票权的股份比例要低于某一限度才能算是控制权发生了变更，通常都把50%作为这一限度的数量标准。如果这一限度界定得高，如60%或者70%，则意味着合并伙伴即使只是持有少数权益，如40%或者30%，也会引发公司的“控制权变更”。

通常将控制权变更时对经理人的补偿界定为其基薪与奖金之和的一个倍数。一般情况下，其健康和福利待遇延续期限与这个现金补偿的倍数一致，即现金补偿为2倍，或者3倍，福利待遇则延续2年或者3年。

公司应设立规范和有法律护航的对高级经理人的控制权变更保护。没有这种规范的控制权变更保护，实际导致的结果就是两个极端。一个极端是弱股东意志下在位经理人要通过掌控公司运营而获取“控制权的私人收益”，不仅不去发掘而且会实际阻碍一些对公司有巨大价值的并购、重组和改组等活动。另一个极端就是强股东意志下企业很容易发生控制权变更而经理人收益和预期没有保障，实际难以吸引优秀的职业经理人加入公司。走出这两个有巨大效率损失的极端状态，引入一种合适的对经理人的控制权变更保护安排，是改进公司治理，真正把公司治理落实为一种“合作关系管理”所需要的一个重要举措。

4. 董事会提名与治理委员会

董事会提名委员会，或提名与治理委员会的起源要晚于审计委员会和薪酬委员会。但是随着公司治理改革的深入，提名与治理委员会的重要性越来越高，甚至已经呈现出一种比其他委员会高出一格的趋势。

提名委员会的构建与运作

提名与治理委员会也许不像审计委员会那样，发现、控制和防范你的财务风险，直接避免你的财务损失，也不像薪酬委员会那样为你的董事、高管制定出合理和能够得到股东批准而又非常具有竞争力的薪酬水平与结构来，这两个委员会都有直接治病的效果。相比之下，提名和治理委员会的工作是更为基础性的，是董事会和公司治理的防疫药。

设立提名委员会的一个重要目的是形成一个董事筛选和提名方面的监督机制，防止董事会沦为利益交易的俱乐部。通过主要由独立董事构成的提名委员会来负责筛选和提名新董事，可以限制握有主导权的董事（如董事长、首席执行官）根据自己的个人喜好选择新董事，在董事会中安插亲信。提名委员会负责建立董事提名程序；负责提交董事会的规模、构成方案；向董事会推荐候选董事和高级管理人员。提名委员会负责初选董事候选人，但董事会负责最终确定。

鉴于提名委员会的工作涉及人事这一关键性的问题，提名委员会成员的任职资格十分重要。由首席独立董事担任主席，可以因其较高的专业声誉而能够得到有关各方的信赖，并符合国际通行的公司治理最佳做法准则。一位是财经专家和一位是行业专家的非执行董事可以分别为董事提名工作提供经理市场面和行业面的知识支持，对于有效地完成提名委员会的董事工作评价、董事会效率评价等职能也大有助益。

除了在提名董事中发挥作用，提名委员会在选择合适的人选担任公司首席执行官方面也肩负职责。提名委员会应该制定选聘首席执行官和评估其业绩的标准。同时，如果公司没有另外设立单独的公司治理委员会，提名委员会要肩负相应职责，在公司治理的设计中发挥领导作用。委员会应向董事会提出公司治理准则，一旦董事会通过了公司治理准则，负责根据公司治理准则监督董事会的运作，确保公司治理准则得到遵守并能随形势变化不断更新。

从提名委员会到公司治理委员会的发展

通常负责公司治理绩效的委员会是提名委员会。但是董事提名和董事会构成只是整个公司治理开发和治理绩效的一个方面。

人们期望董事会自身会关注其治理这一关键的组织需求，但是通常情况下，这却成为一个被随意应对的问题。比如董事会绩效评估这样一个改进治理绩效的关键问题，却常常被忽视，很多公司没有对其单个董事和董事会整体进行严格和有意义的评估。公司治理委员会由此登场。

公司治理委员会，也可称为董事会发展或董事会开发委员会、董事事务委员会、董事会运营委员会等。公司治理委员会负责评价公司治理标准、公司治理程序。由于要负责评估董事会的人才需求，该委员会常是由提名委员会发展而来的，但是其所负职责范围要大于提名委员会。

公司治理委员会的主席人选确定，可以是设立公司首席独立董事（在独立董事中指定一位牵头和领导性的角色）的一个绝好机会，尽管大多数公司并没有给予公司治理委员会主席一个首席独立董事的正式头衔。首席独立董事这一做法，还仍然停留在一种非正式制度的状态，但是，如果公司治理委员会主席承担这一角色，可以更好地在首席执行官和整体董事会之间担当起一个联系和沟通的角色。建立公司治理委员会是提高董事会质量的一个重要举措。这一机制是为董事会更好地完善其自我选择过程而设立的，设立公司治理委员会的行动和有关公司治理问题的讨论，都会导致有关公司治理问题的重新思索和改善。

公司治理委员会并不限于大型公司才需要。创业型公司中，该委员会也是确保董事会效率的有效工具。在人数较少的董事会，可由所有独立董事共同组成公司治理委员会。

公司治理委员会的权限和工作职责

公司治理委员会可以使那些确保一个组织现在和未来健康而有效治理的做法制度化。公司治理委员会要把握最新和最重要的政策，检查董事会自身的工作，并在必要时做出改变。

治理委员会有权要求包括公司首席执行官在内的高级管理人员向委员会报告工作；有权取得公司重大事项的可行性研究报告、重要合同与协议，以及其他委员会认为有必要取得的一切资料；在认为必要时委员会可以聘请外部咨询机构或专业人士进行特别咨询，提供特别工作或咨询报告，有关费用由公司承担。

公司治理委员会的主要工作职责如下。

①负责公司治理准则的开发和评估，定期评估公司的其他各种治理文件，以保证它们内容的更新和完整。

②至少一年一次评估董事会成员的独立性，并向董事会报告其结果，供董事会做最终决定。

③根据其制定的董事标准，识别、评测、筛选和提名新董事。

④确保新董事得到有关他们在董事会中的职责和义务的培训。

⑤批准有关董事会规模、年龄限制、任职期限、会议数量或者基本流程等方面的改变。

⑥经与董事长讨论后，任命董事会各个委员会的主席和成员。

⑦评估新设的、临时性的或者常设性的董事会委员会的职能。

⑧组织和协调首席执行官、董事会自身和单个董事的绩效评估。

公司治理委员会最好不要单独承担这些职责，而是让整个董事会都参与进来。治理委员会确保这些活动和角色被执行，并做一些准备和基础工作。

董事会秘书出任治理委员会的秘书。秘书负责委员会会议的记录和记录保存工作。委员会会议记录应该提供给全体委员会成员，并在董事会其他成员需要时也予提供。

公司其他高管成员可以在委员会要求的情况下出席委员会的会议。委员会会议之后，应该向董事会报告其活动和建议。委员会主席要向董事会提交委员会每年一度的董事会绩效评估报告。委员会的主席要出席股东年会，回答股东可能就公司治理提出的问题。

最后，不管如何重要，治理委员会不能超越董事会的权威，不能替代董事会的权威。治理委员会的职责是帮助董事会完成董事会的工作，并且要能完成得更好。治理委员会躲在幕后，确保每件事情都在平顺地进行。要让董事会总是处在领导位置，掌握组织的罗盘，设定组织方向。

5. 执行委员会与紧急状态下的董事会

健全的公司治理必须要关注，在灾难和危机等紧急状态下，董事会能够“及时到位”并“随时在位”，保持领导力。董事会“执行委员会”和“紧急状态下的董事会”，是现代公司治理上处理重大灾难和危机问题的两级应急机制，保证作为公司管理机构的董事会可以“无时无刻不在”。

执行委员会：从管理职能为主转为治理职能为主

董事会的执行委员会源自公司管理实践，在董事会闭会期间作为董事会的代表机构行使职权。早期的董事会执行委员会具有董事会“常务委员会”的性质，具有公司管理类委员会的特点，并不排除首席执行官，有的公司管理章程还规定公司首席执行官是董事会执行委员会的常任委员。

标准石油公司首创了执行委员会制度，有效地把公司的众多分支企业整合为一个整体。执行委员会负责向直线主管人员提出建议，同时拥有重大开支和重要加薪的批准权。执行委员会下设多个专门委员会，分别负责运输、输油管道管理、国内贸易、国际贸易、生产制造和采购等事务。

随着公司治理改革的推进，董事会的执行委员会越来越转向为公司治理类的委员会，主要由非执行董事构成董事会的执行委员会，首席执行官不再是董事会执行委员会的当然委员。执行委员会开始变成了一个非常重要但却不太常用的预备性的公司治理制度装置。一般在没有需要全体董事会决定而全体董事会又来不及召开会议的情况下，董事会的执行委员会是可以“不作为”的。

董事会的执行委员会通常没有单独的书面章程，但是在公司章程细则中会有专门的一章是有关执行委员会的。公司章程是比委员会章程更有法律地位和约束力更强的公司文件。通常在公司章程中，除对执行委员会有单独的规定之外，对董事会的其他委员会都只在“其他委员会”一节中做个较为一般性的规定。

执行委员会的构建与运作

（1）执行委员会的构建：成员、主席和秘书

经多数董事决议，董事会可以委任几名现职董事组成一个执行委员会。除经全体董事会多数决议外，委员会成员资格将一直持续到其接获委任后的下一届股东会议召开，或者直到委员会成员的董事资格被终止。

董事会可以通过决议的形式委任执行委员会主席，负责主持委员会会议。如果委员会主席缺席，董事长负责主持；如果委员会主席、董事长均缺席，出席会议的多数委员选举一位主席主持会议。董事会秘书担任执行委员会会议秘书并负责会议记录；如果董事会秘书缺席，会议主席可以任命任何人担任此项职务。

（2）执行委员会的职权

执行委员会可以对董事会授权管理的事项行使董事会的所有职权，包括对公司的管理及日常事务，但不包括任命执行委员会委员的权力。执行委员会行使职权时应符合

公司最佳利益，并与董事会过去采取的任何行动不矛盾。执行委员会在董事会授予权限范围内采取的行动视为董事会的行动。执行委员会在每次董事会会议上应将其采取的行动作出书面报告，在其他时间里，如果董事会要求，执行委员会也应向董事会书面报告。

（3）执行委员会的会议

执行委员会定期会议，按经委员会多数通过的决议所确定的日期、时间和地点举行，此类会议无需通知。执行委员会定期会议也可以由委员会主席来确定并签发会议通知。执行委员会临时会议由委员会主席召集。列明时间、地点的执行委员会临时会议通知应在会议召开前发给每一位委员会成员。如果委员会的所有成员均在场，则无需通知即可召开会议。

执行委员会的全体成员构成法定人数，符合法定人数的执行委员会会议中多数委员的意见即为委员会的决议。通过电话或类似能让所有参会者互相沟通的设备参加会议视为亲自到会。执行委员会的任何成员个人无权代表委员会，委员们作为一个集体才能代表委员会。

灾难、危机与紧急状态下的董事会

在这个充满动荡、灾难频繁的时代，危机管理是一个关键问题。在灾难和危机等紧急状态下，需要董事会的决策时，董事会必须能够“及时到位”，不能找不到、联系不上公司董事会。

应对紧急状态的基本规则是，公司可以采纳一个“紧急状态下的管理规则”。在这一规则中要规定一个可行的方案，在紧急状态下，需要召开董事会而全部或者一些董事联系不上，正常董事会无法召开时，公司的哪些人、按照什么样的一个顺序，可以作为紧急状态下的董事，补足董事会，召开紧急状态下的董事会会议，行使董事会的权力。如果公司没有一个事先拟订好的紧急状态下替补董事会成员的名单，则是在场的公司高级管理人员，先按级别再按年资的次序，来补足董事会的法定人数。公司董事、高管甚或普通雇员按紧急状态管理规则采取行动，召开紧急状态董事会和行使董事会权力，不应承担任何责任，除非是故意的错误行为。

关于“紧急状态下董事会”的制度安排，通常是在公司管理章程中做出如下规定："董事会可以设立一个成员及任期不确定的委员会，该委员会的成员资格、法定人数、会议方式及运作方式等不受本章程规定的约束。当发生重大灾难或全国性紧急状态时，董事会由于成员死亡、丧失行动能力或无法召集全部或部分董事而无法采取行动时，该委员会应当并且可以行使董事会管理公司事务的一切权力，包括授权使用公司印章和填补董事会空缺。该委员会在授权范围内采取的行动视为董事会的行动。"

从正常情况下在董事会闭会期间代行董事会职权的董事会执行委员会，到紧急状态下按公司紧急状态规则组成的"紧急状态下的董事会"，都可以说是公司治理制度上的"应急预案"，保证作为公司管理机构的董事会可以"无时无刻不在"，避免外在原因导致的需要董事会作为而董事会无法作为的情况。

7

章

董事会的会议与有效运作

1. 董事会的会议种类及开会方式
2. 董事会的决策规则、会议频率与议题
3. 董事会的会议资料、信息与内外部沟通
4. 董事会的绩效评估
5. 优秀董事会如何化危为机

董事会掌握着现代公司的管理大权，董事会以会议体的方式行使权力。除了公司法的基本要求之外，没有有关何时、何处及如何召开董事会会议的固定规则。平时不在一起，到一起就是开会，并且要有效和正确地做出决策，这给董事会的会议提出了格外的挑战。

1. 董事会的会议种类及开会方式

董事会会议的四种类型：首次、例行、临时和特别

（1）董事会首次会议

首次会议就是每年年度股东大会开完之后的第一次董事会会议。国际规范做法是每年股东大会上要选举一次董事，即使实际并没有撤换，也要履行一下这个程序。这样每年度的首次会议就具有一种“新一届”董事会亮相的象征性意义。董事会的首次会议在股东年会当天举行，议题包括选举高级管理人员等。此次会议无需通知。中国公司普遍实行三年一届的董事会选举制度，会议按第几届第几次会议的顺序，淡化了每年度首次会议的意义。

（2）董事会例行会议（定期会议）

例行会议或称定期会议，就是董事会按照事先就确定好的确定时间，按时举行的会议。首次会议上就应该确定下来董事会例行会议的时间，比如每个月第几个星期的星期几。这样做能够有效地提高董事们的董事会会议出席率，也能确保董事会对公司事务的持续关注和监控。在每次董事会例行会议结束时，董事长或董事会秘书，要确认下次董事会例行会议的日期、时间和地点。建立起一套董事会的例行会议制度，是董事会实际运作到位的一个有效办法。

（3）董事会临时会议

临时会议是在例行会议之间，出现紧急和重大情况、需要董事会做出有关决策时候召开的董事会会议。临时会议的会议通知是一个特别需要注意的问题。董事会的首次会议和定期会议，如果不是发生更改，甚至可以不用正式发出会议通知。但是董事会的临时会议却需要按照公司章程的规定正式发送。董事会临时会议通知（包括需要通知的定期会议）应说明时间、地点和会议目的。但如果公司的所有在职董事均在场，则无需通知。

（4）董事会特别会议（非正式会议）

并不是一定要做重大决策时才需要召开董事会会议。董事会的特别会议或者说是“非正式会议”“务虚会”“战略沟通与研讨会”等，与前三种董事会会议不同，它的目的不是要做出具体的决策，也不是要对公司运营保持持续监控，而是提高董事会战略能力，加强董事会与公司管理层的联系等。这种董事会会议可以一年或者两年一次，最好别在公司总部等正式场合召开。可以扩大范围，邀请一些非董事会成员的公司高管参加，也可以请外部专家作为会议引导者，提升这类会议的“沟通”和“研讨”水准。

董事会的会议方式：现场、委托、通讯和书面同意

原则上董事们都应该现场出席董事会会议，但实际运作中难免有董事不能到现场出席董事会会议的情况。作为一种特殊情况，可以由董事长准许董事会成员通过电话和视频会议方式出席会议。

解决这个问题的通常原则是，董事会可以采用一切现代通信手段召开，只要有一个实际的讨论过程并且这一过

程中董事们能够听到对方的声音，就算是亲自出席，董事会会议就有效。换句话说，董事会成员或董事会委员会成员，可以通过会议电话或其他通讯工具设备来参加董事会或委员会的会议。

此外，董事可以通过签署信件或传真方式委托其他董事代为出席。一个董事代表其他董事委托数量不能超过两个。

董事会也可以通过所有董事书面一致同意的方式形成董事会决议。但这种做法只能在状态特殊、事项紧急并为公司利益所要求的情况下采用。

非执行董事例会与“执行会议”制度

良好治理的一个基石是不存在利益冲突的独立董事占董事会绝大多数。但是这一基石的作用可能会被首席执行官或者其他的董事会中的内部人所消解。

公司要给独立的董事会成员们提供没有公司执行人员在场的会面机会。一般情况下，只有在没有公司执行人员在场的情况下，外部董事们才会讨论经理继任人选和首席执行官绩效等敏感问题。做到这一点的两种主要方法是外部董事例会和外部董事“执行会议”制度。另一个有用的方法是，在每一次董事会的议程中安排一段没有内部人员或经理人员在场的外部董事们单独讨论的时间。

公司应该每年至少召开一次外部董事或非执行董事例会，由一位独立董事（首席独立董事）主持。会议内容包括与首席执行官讨论公司各方面的事务，对一些需要执行董事们回避的问题作出决策。执行董事及公司管理层要为非执行董事例会提供充分的信息和资料。

外部董事“执行会议”，只有外部（即非执行）董事才能参加，在正式董事会会议之前或之后召开，就董事会将要讨论的问题交换看法，讨论他们的应对措施以及发现那些他们认为以后需要特别注意的问题。

外部董事“执行会议”安排在全体董事会会议之前还是之后，可能各有利弊。在正式的董事会会议之前召开，可以帮助提高非执行董事们对董事会会议的参与深度，也让他们多一个机会提出需要在全体董事会会议中增加的议题。但是在全体董事会会议之前召开，非执行董事们便没有机会去深入探讨全体董事会会议中提出的一些问题。在全体董事会会议之后召开，可以克服这一缺点，但是又会有另外一个缺点。全体董事会会议开完之后，董事们可能急着离开，从而影响会议效果。因此有些公司是在全体董事会会议之前和之后，各召开一次非执行董事们的执行会议。

一个值得注意的问题是，应该把这种会议讨论的结果迅速、准确地传达给首席执行官。这样既保持了外部董事们讨论的私密性，又能让首席执行官了解外部董事们的总体观点。这些讨论的结果和信息，对首席执行官改进工作有帮助，首席执行官也就会逐渐适应、接受直至尽力支持非执行董事“执行会议”这一运作机制。

2. 董事会的决策规则、会议频率与议题

有效的董事会会议需要会前做好充分准备，会中遵循必要的程序，会后确保董事会的决议能够得到切实的贯彻执行。

一些基本原则有助于保证董事会会议的有效：确保会议对议事议题的充分讨论；在尽可能取得一致意见的基础上做出决定；定期召开会议；为会议准备足够的时间和信息。最重要的一个因素是要有一个开放和包容的气氛，让董事会会议成员能够非常自在地发表他们的看法。人们能够理解他们在整个结构中的具体角色和责任也很重要。

董事会会议有效的法定人数和形成决议所需赞同票比例

中国公司法规定“董事会会议应有过半数的董事出席方可举行”，董事会有效决议所需要的董事赞同票比例也是要占全体董事（不是出席会议的董事）的半数以上。国外公司的通常做法是，出席人数达到法定人数（一半以上）的董事会会议上，实际出席会议的董事的多数同意就构成有效的董事会决议。在任何达不到法定人数的董事会会议上，到会的多数董事可以决定会议休会直至符合法定人数要求；经休会后达到法定人数的，有权处理会议最初召集时拟处理的一切事项。

举例来说，按中国公司法的规定“董事会作出决议，必须经全体董事的过半数通过”，一个由 9 人构成的董事会，有 5 人出席可以构成一个有效的董事会会议，也必须得 5 人全部投赞成票才能形成一个有效的董事会决议。按国外通常规则，一个由 9 人构成的董事会，有 5 人出席就可以召开有效的董事会会议，出席的 5 名董事中有 3 人投票赞成就可以形成一个有效的董事会决议。

中国公司法在关于董事出席董事会会议的法定人数和

董事会形成有效决议所需赞成票比例上的更为严格规定，提高了董事会采取行动的门槛，降低了董事会的运作效率。

董事会的会议频率、时间与地点

一个不能定期召开会议的董事会，处于不能履行其对股东和公司所负职责的危险之中。董事们不能定期会面，其自身也会遭遇来自法律或者股东诉讼方面的没有履行董事职责的风险。一般每年都要召开10次以上的董事会会议。可以每个月利用一整天的时间在公司总部，或者特殊情况下在公司的某个部门，召开董事会会议。

董事会会议的频率取决于公司的具体情况。有时可能需要天天开会，如发生标购或被标购情况时。即使在平静期，也会有一些需要召开董事会会议处理的问题。

可以充分利用各种现代化的通讯手段，提高董事会效率，加强董事之间、董事与公司之间的联系。在正式的会议之间，董事会成员之间保持联系，进行非正式的对话，也至关重要。

公司总部是董事例行会议的通常地点，但是如果公司运作于多个地点，在不同的地方召开董事会，可以给董事们一个更广的视野和更多的机会来了解公司的活动。

没有绝对正确的董事会会议时间数字。原则是要安排足够的董事会和委员会会议时间确保能够对那些关键问题进行充分的讨论。会议持续时间可以从几小时到一整天，取决于需要处理的任务量。对于一个规范运作中的公司，没有特别棘手问题需要处理的情况下，通常是3到5个小时。

董事会的会议议程和议题

董事会的结构和会议次数基本保持着稳定，变化了的是用于董事工作的时间、为董事会会议所做的准备工作以及参加董事会会议的信息需求等。董事责任标准在提高，用于董事会服务活动的时间也在增长。

谁负责召集和主持董事会会议，中国公司法有明确的规定：第一责任人是董事长，然后是副董事长。如果董事长和副董事长都不能履行这一职责，则由半数以上董事共同推举一名董事负责。

会议议程是董事参加董事会会议的路线图。通常每次会议的议程专注于一些董事会职责的具体事项。一些公司中，这项工作由管理层负责，另外一些公司中会议议程可以由一位非执行董事长或者领导董事，在征询首席执行官和其他董事意见之后确定。但无论是谁主要负责董事会的会议议程，每位董事都可以自由地提出要包括在会议议程中的议题。

原则上，与会董事若有特殊议题需董事会讨论，其陈述报告应提前呈交董事会以便为讨论合理安排时间。但是如果该议题较为敏感，无法或不便以书面形式做出陈述，也可以在董事会议上现场陈述。在不能提前分发敏感议题报告材料的情况下，董事长可以会前通过电话与每位参加会议的董事讨论此议题和董事会要考虑的主要问题。

有些公司很害怕在董事会会议上临时提出议题，甚至明确要求提交到董事会会议上的议题都应该是事先跟各个方面沟通好了的。这样做，虽然避免了可能在董事会上出现的矛盾，但是实际也等于废弃了董事会成员作为一个整体通过集体讨论而形成决策的功能。

有各种各样的议题在争夺着有限的董事会会议时间。在财务与业务类问题、雇员价值或满意度问题和顾客满意度问题之间，主要还是财务和业务类问题更多地占据着公司的董事会会议。财务问题非常重要，但是还有同样重要的问题：顾客、雇员和股东。公司要在股东、雇员和顾客三个重要的利益相关者之间保持平衡，过度关注了其中任何一个而伤害了另外两个，都是公司将会发生问题的警告信号。

开好董事会的主要职责落在董事长的肩上。董事长要对需要在董事会上讨论的每一个议题安排合理的时间。任何一位董事如果在董事会议的某个时间段缺席，需要在会议开始时就做出说明。董事长应该引导董事会对每一个问题都进行公开讨论。董事长应该坚定但公平，控制会议而不是主导讨论本身。要确保董事会既不会陷入非理性的争辩而达不成共识，也不会没有深思熟虑就匆匆做出结论。每一个董事都应该铭记他们的集体职责，并且不能指望自己的观点在任何议题上都占据主导。董事们需要相互吸纳对方的观点。董事长需要主持讨论，直到取得较为广泛的认同，能够总结出可以得到绝大多数成员同意的结论为止。

万科之争：关联董事回避与董事会决策规则

为了稀释宝能持有万科股份的比例，2016 年 6 月 17 日的万科公司第十七届董事会第十一次会议，讨论万科通过定向发行股份收购深圳地铁前海国际发展有限公司的议案。万科董事会有 11 名董事，独立董事张利平以潜在的关联与利益冲突为由“回避”投票，其余 10 名董事中有 7 人赞同、3 人反对。万科公司认为议案以 10 名投票董事中的 7 人赞成，比例超过三分之二，获得了董事会通过。但是公司股东华润认为，议案获得公司全体 11 名董事中的 7 人赞成，比例不足三分之二，没有获得董事会通过。

中国公司法规定董事会形成有效决议的赞同比例计算，是以包括未出席和弃权董事在内的“全体董事”为分母的。在有关联关系董事回避时，董事会形成有效决议的赞同比例计算，则是以扣除有关联关系董事后，同样包括未出席和弃权董事在内的“全体无关联关系董事”为分母的。宝万之争中的关键问题是如何认定张利平的所谓“回避投票”，这决定着要不要把张利平算在“无关联关系董事”内。

中国公司法第 125 条规定，“公司董事与董事会会议决议事项所涉及的企业有关联关系的，不得对该项决议行使表决权”。意图是避免与“决议事项所涉及的企业”有关联关系（直接或者间接的利益关系）的董事参与投票，损害公司利益。万科公司公告给出的张利平选择回避的理由是，“由于其本人任职的美国黑石集团正在与公司洽售在中国的一个大型商业物业项目”。这里的利益关系，是张利平所任职的黑石与万科公司之间有关联关系，而不是与“决议事项所涉及的企业”深圳地铁集团之间有关联关系。黑石“正在与公司洽售在中国的一个大型商业物业项目”，这会使张利平在万科收购深圳地铁前海国际发展有限公司的议案上，立场偏向深圳地铁方面吗？如果不会，张利平的这个回避理由就不成立，他的回避就可以被看作是没有实际出席董事会会议，由此他就要被计入分母。

如何定性张利平的回避，直接决定了万科 2016 年 6 月 17 日董事会定向增发议案的通过与否。作为董事，在与董事会所议事项所涉企业或人存在关联关系时，回避是一种法定的公平交易义务，而不是一种权利。作为一种公平交易义务，相关董事要将相关的关联关系事项在董事会会议正式开始之前，向董事会报告。如果相关董事没有报告，并参与了相关事项的董事会投票，该等董事会决议则存在法律瑕疵，可以被判定为无效。

关联董事回避不是董事的一种权利，在其向董事会报告了相关关联事项之后，要由董事会来判定他是否需要和是否有权回避。参加董事会是董事的法定义务，如果董事可以以任意一种所谓关联关系而回避投票，等于是为董事提供了一种逃避其法定义务的便利。不存在有实质影响的关联关系而回避，和存在有实质影响的关联关系而不回避，同样会影响董事会的决策质量，也会使董事会难以有效作为。

就万科 2016 年 6 月 17 日的董事会会议来说，问题的关键是，在董事会正式开始之前，是否就张利平董事的关联关系申明进行了讨论，并明确做出了张利平是否需要回避的决定。如果做出了该等决定，则可进而在会议正式开始时，就明确本次董事会会议有投票权的总人数，到底是 10 人还是 11 人。可是我们不仅没有看到万科董事会有此前置决策过程，甚至在争议发生之后，也没有“亡羊补牢”，进行后续的讨论与补充决策。

3. 董事会的会议资料、信息与内外部沟通

董事会的会议资料

在每次董事会会议召开之前，都要尽可能早地（至少提前一个星期）将有关议事项目和一些有助于了解公司业务情况的重要信息、文件和数据资料，以书面形式发给董事会成员，这样可以给董事会成员以充分的通知和提醒，以保证他们能够参会并且有足够的时间为会议作准备。

公司应使书面材料尽可能简明而又能提供董事决策所需要的信息。如果信息难于理解，可能需要在正式的董事会会议之前进行电话联系。公司应该安排一个联系人，能够就报告中各种问题进行讨论和提供具体说明。

董事会会议时间应该用于进行达成有关决策所需具体

信息的讨论。事先对会议资料的充分掌握，讨论时就可以更为集中地关注关键问题，更为有效地利用宝贵的董事会会议时间。

为每次董事会会议准备的文件会有所不同，这取决于公司及每次会议自身的具体情况。但有一些基本的文件，是使董事们能够在董事会中真正发挥作用所必需的。这些基本文件包括：会议议程表，由董事长准备或批准；上次会议的会议纪要，由董事会秘书提供；首席执行官的业务运营报告，给出一个自上次董事会会议以来影响公司业务的主要事件的概述；财务报告，提供直到最近的经营损益表、现金流量表和融资情况；还应该有一些由高级经理层提供给董事会成员、支持会议议程中所列事项的书面报告。

董事会的信息与公司内外部沟通

董事会为股东利益而管理公司，但要兼顾公司内外部其他各类团体的利益，与它们建立起良性的互动关系。为了股东的长期利益和公司的可持续性，董事会也必须这样做。透明和公平地与所有团体交易与为股东创造长期价值是协调一致的。

（1）非董事参加董事会议/董事会与高级经理之间的联系

为了提高董事会的会议质量，董事会应该欢迎非董事人员参加董事会会议，并在董事会与公司经理及员工之间建立起通畅的联系渠道。

董事会鼓励不是董事的管理和专业人员定期参加董事会会议，特别是参加了董事会所讨论项目的工作、能提出有价值见解的人员，以及有发展潜力的人员。这样做的好处是，可以使董事对讨论的问题有更深刻的认识；便于董事会发现有潜力的管理人员。

董事会成员可以随时与公司的管理部门取得联系。但董事们应该确保他们与管理部门的接触不会干扰企业的正常运行，如果这种接触是以书面形式正式作出的，则应将材料复印后呈送董事长和首席执行官。

非董事会人员参加董事会会议及在董事会与公司经理及员工之间建立起畅通的联系渠道，可以减少非执行董事与执行董事及经理层之间的信息不对称，避免董事会被架空、虚置，真正发挥董事会的决策与监督作用。

（2）与公司内外部相关者团体建立起良好的互动关系

董事会要充分尊重和吸收公司党组、工会、职代会及妇女和青年团体等的意见。处理好与公司内部这些党群团体的关系，得到这些党群团体的支持，对建立以董事会为核心的公司治理结构至关重要。

在法规要求及董事会正常职责范围内，董事会自身要促进公司与媒体及顾客等外部团体建立起积极和良性的互动关系。控股股东、机构投资者等等是董事会要特别注意沟通的对象。来自股东单位或者利益相关者集团的董事尤其要肩负起代表公司董事会与该股东或者该利益相关者集团之间进行有效沟通、取得理解和支持的责任。

开好董事会：董事长、董事和董秘各自的责任

董事长、董事和董事会秘书都要各自承担起自己在董事会会议方面的职责。

董事长要管理好董事会以确保能有效地做出决策，为此要建立董事会会议资料和报告的标准，确保达成的决策被正确地理解和记录；并且对于每一次的董事会会议，都

要保证提前准备好会议议程；对会议进程保持控制，但不能自己主导讨论；通过发掘每一位成员的贡献而激发争论；在产生严重分歧意见时，引导讨论并解决问题。

董事会成员要在会议之前认真阅读会议议程和其支持报告，为会议作充分的准备。在董事会会议上，要保持客观，头脑开放，愿意投入讨论并能接受其他人的观点，尽力为董事会的决策制定提供专业和知识支持。不要对号入座，要摒弃自身在董事之外所任职务的角色意思。相互之间能够团结而不是一团和气，能激烈认真地讨论、争论而不是争吵和打架。不同意见都要摆到桌面上，意见分歧很大的话，可以再收集证据，暂缓决策。一旦同意和正式通过了董事会决策之后，全力支持首席执行官去贯彻和执行，并对有关问题保持持续关注。

董事会秘书要配合董事长准备会议议程，向董事会成员发放会议议程及其他会议资料，为会议提供其他一些秘书性的工作支持，在会议中提供有关法律和监管政策方面的咨询，记录并发放董事会纪要，保管法律和监管政策要求的法律性文件，需要时向董事会成员传达有关公司的信息，跟踪并保持告知董事们有关公司治理的当前思想和实践动态。

4. 董事会的绩效评估

董事会绩效评估是保证有关健全公司治理的一些具体做法能够落到实处的一个有效手段。

董事会绩效评估的价值

对董事会的业绩进行明确和有规律的评价有很多好处，如提高董事会履行其对股东、公司和广泛的利益相关者所承担责任的有效性，增强股东、股东大会对董事会的了解；提高董事会自身运作的效率，促使董事会提高水平，并加强对公司工作的责任感和领导力。

优秀董事会都在积极开展对自身绩效的评估工作。提名与治理委员会和董事会一起，对董事会的工作表现、董事会成员的技能和特征进行年度评审。评审内容包括每位董事在董事会中的表现，各自的差异，年龄和技能（对生产技术的了解，财务背景和技能，国际背景）等。另外，还包括每位董事对其个人表现进行自我评价及董事长对每位董事的评价。

首席执行官们要帮助和支持董事会和董事们更为全面地理解他们的职责，评估他们职责履行的效果。当董事会开始认识到需要重构他们的职责的时候，将进一步引起董事会中的“制度变迁”。董事长、首席执行官和董事们，需要具备这些新的理念和行为习惯。有效地操作起来可能并不容易，但是以这些理念和习惯做事的公司，才能建立和保持竞争优势。

董事会绩效评估的主要考虑因素

董事会的业绩评估十分具有挑战性，但不可回避。通过一种系统的自我评价，可以改进董事会及董事个人的业绩表现，努力克服其弱点和建立优势。测量董事会有效性要把如下一些问题纳入考虑：董事会的独立性，监控风险的能力，平衡各种利益相关者利益的能力，应对潜在危机的能力，董事会成员之间及与首席执行官之间为公司战略目标协同工作的能力。具体包括以下一些方面的内容。

董事发展。对于董事的职责是否有一个一致的看法？定义董事候选人条件的政策是否已清楚地制定出来？是否向新董事提供了关于公司和董事会的适当信息？董事会如何对待那些业绩评价结果较差的董事？是否给了这些董事有益和建设性的建议？评价过程是否给董事会业绩表现带来了改进？

董事会的规模和构成。董事会的规模是否令人满意？董事个人以及董事会作为一个整体在技能、经验和其他有效地履行其职责所需要的特点上是否有正确的搭配？内部董事与外部董事的比例是否合适？

董事持股情况。公司是否有明确的政策或可操作性的方案鼓励董事持有公司股票？董事个人及董事会作为一个整体，持股情况是否合适？

信息的提供及处理。向董事们提供的信息的质量、数量和及时性是否合适？董事会议的频率和时间安排是否足以使董事可以对公司的业绩表现及影响公司前途的关键事项进行足够的讨论？董事会及各委员会会议是否提供了足够的时间来回顾和评价公司的重要战略事项？

团队工作。董事会成员相互之间是否能友好地在一起工作？董事会成员与首席执行官及其他高层经理是否能友好相处？董事会及首席执行官是否一起努力，在公司创造出一种鼓励坦诚沟通的开放文化？首席执行官与董事是否认识到业绩评价对双方都有益？

领导能力。董事会（在整体和委员会两个层次）的领导是否有效？每个委员会的效率如何？

董事个人的贡献。董事会是否有评价董事个人的业绩、行为及贡献的程序？这种评价程序是否有规律地执行？每个董事个人是否得到了对他个人的业绩评价结果？

公司的业绩表现。董事会的根本任务在于就公司的业绩表现（股东资产的有效管理和保值增值）向股东负责。因此公司业绩评价是董事会绩效评价的重要组成。

对每位董事和董事会进行正式的年度绩效评估

董事会要评估首席执行官的绩效，评估每一位董事的绩效，也同时应该评估其自身作为一个公司领导集体的运作绩效。通常由提名与治理委员会按年组织实施对董事会及所属委员会的业绩评估工作。

在进行评估之前，首要的一步是在董事会内部就如何提高公司治理和绩效水平进行讨论。全体董事会成员一起讨论一下他们自身在董事选聘、委员会运作、评估公司项目、评估首席执行官、提出重要问题以及在适当的时候勇敢地站出来扭转局势等方面履行董事职责的情况如何。

要讨论董事会良好运作的标准是什么，要回答什么是我们选来作为最佳做法的具体制度安排和行为规则，比照检查一下自身董事会运作中的一些具体事实，如董事会的会议频率、长度、议程、信息流、委员会设置和董事会—管理层关系。

可以通过问卷调查进行自我评估。董事们可以各自填写好评估问卷，回答问卷中有关过去一年中董事会整体绩效情况如何的问题，然后再集体讨论和评估所得到的结果。如果股东和主要的投资者也被邀请提供评估意见，这些资料要反馈到董事会，以使董事会能够得到多渠道的评价信息，更好地讨论其自身的绩效。

董事会绩效评估流程如下。

评估标准审批。每年度结合上一年度评估工作的经验及外部专家的意见，对评估标准进行检讨与修订，在获得委员会批准后实施。

评估工作实施。各位董事根据其在不同专业委员会任职的情况，对所在专业委员会及董事会进行评估。

出具评估结果。根据全体董事的评分情况，汇总董事会及专业委员会业绩评估成绩，并提出董事会工作改善建议，先后提交委员会及董事会审议。

为了促进董事会整体运作绩效的提高，要进行董事个人绩效评估工作。一般情况下，评估一个董事绩效的合适人选是董事会中的其他董事。这意味着要有一个董事会成员之间相互评估并提供有关其绩效的反馈意见的流程。可以采用各种各样的自我评估和比照评估打分系统。董事评估的标准中应该包括：董事们能否很好地理解公司战略，能否对影响公司的当前事态和问题保持跟踪和关注，以及他们出席会议的记录和对董事会讨论问题的贡献。

董事评估结果由董事会提名与治理委员会与董事进行反馈和沟通，帮助董事了解自身的长处与不足，以有效提升个人能力，成为一个有效的董事会成员。董事评估结果可以用于董事的提名、任免和职位调整。董事评估过程中，董事针对董事工作和董事会运作提出的意见和建议，是改进董事会工作和制定董事年度培训计划的重要依据。

5. 优秀董事会如何化危为机

世界充满不确定性，公司遭遇危机很正常。正是风险管理和危机应对水平的差异，决定了一个企业是基业长青，还是破产倒闭。

公司危机多种多样，有的是由公司外部因素导致的，有的是由公司内部原因造成的；有的是公共性或系统性的危机，有的是个体性的危机。无论危机源自何处，什么性质，董事会都负有最主要的责任，来带领公司渡过危机，并能化危为机。

危机是检验一家公司治理体系有效性的试金石，是对公司治理体系有效性和董事及高管能力的测试。良好的公司治理不能预防所有危机，但一个优秀的董事会能通过一些有效的风险管理措施预防风险和事故演变为危机甚至灾难。

有效的吹哨人保护与警哨程序

提前发现危机是成功管理危机的一个重要前提。如果董事会能够及早发现问题并采取纠正行动，很多危机可能就不会发生了，至少不会走上灾难境地。

大多数危机是逐步形成的，在可解决的问题演变为全面危机之前，通常会有预警信号。内部危机和外部危机，系统性危机和个体性危机，都是如此。

良好公司治理能够确保公司做出优质决策，实施有效的风险管理和内部控制，从而降低危机发生的可能性。董事会成员负有公司风险和危机预防上的特别注意责任，特别是非执行董事要发挥其特殊作用。非执行董事不像执行董事那样直接介入企业运营、对公司具体情况了如指掌，但这使他们更容易看到异常现象和新趋势，能够更早地认清形势、发现危险。

董事会要花更多时间向前看，全方位评估公司所处的政治、经济、社会环境和竞争动态，时刻保持警惕。每家公司都有一套流程来生成有关公司运营和经营环境的信息，这些信息往往包含了危机的早期预警信号。公司董事会和高管层应密切关注、深入分析并充分利用这些信息，特别是在进行公司战略决策时。

对于风险管理和危机预防来说，仅仅依靠常规和例行性的信息来源是不够的。董事会还要确保公司设置和维护一个有效的警哨程序，让人们能够报告他们发现的问题，以使董事会能够及时发现问题，及早采取纠正行动。成功的警哨程序，必须让人们相信他们所吹出的“警哨”会被认真对待，还要能让吹哨人感到可以安全地发出信息，并且能够以匿名方式进行。

面对风险与潜在或现实的危机，在掌握真实信息的基础上，还要能迅速有效地采取行动。为此，必须将组织设计成能够纠正错误并迅速对变化做出反应的架构。这需要开放和透明的文化，要能够根据战略和其执行结果，以及不断变化的环境条件迅速调整。如果行动迟缓，危机会迅速蔓延，形成恶性循环，给识别真正的危机来源和从源头上解决危机造成困难。

危机中的董事会与管理层关系

危机中公司的领导权会在股东、董事会和管理层之间移动。董事会在危机中的表现取决于其在危机前是如何运行的。危机往往会强化董事会的决策程序、行为模式，以及董事会与管理层的互动关系。如果在危机前，董事会仅仅是“橡皮图章”，那么在危机期间董事会将更加无用：高管们会无暇关注董事会、向其提供信息、寻求建议和支持。如果在危机前董事会就有效运作，其重要性将在危机中进一步提高：董事会会议更频繁，信息流动会增加，会比平时更关注现金流。

在董事会无效的情况下，公司面对危机时，要么管理层不顾监管或章程的规定，掌管董事会的权力，做出必要的决策；要么股东通过股东大会决策或人格力量控制公司。如果股东人数少且早已参与公司管理时，这会有效。由管理层或股东来应对危机，效果如何取决于掌权股东的经验或管理层的能力，以及其与危机发生的关系（他们自身可能就是危机的根源）。这些选择的风险都会更高，最好还是未雨绸缪，建立起良好稳健的公司治理体系和有效有力的董事会。

良好的公司治理结构和流程有助于公司更充分地做好应对危机的准备。在危机应对中，董事会要处理好其与管理层的关系变化。公司面临重大危机，董事会需要立即深度介入。严重危机情形下，管理层会被降级，一些原属管理层的决策权会被董事会掌控，甚至一些管理层的职位也被董事会成员替代。这些变化可能会引发管理层的各种反应：故意扭曲对行动方案的理解，破坏董事会的决策；或保持沉默，不向员工作任何有关危机应对行动方案的解释等。为此，董事会在与他们就流程和结构的调整进行沟通时要十分谨慎。

应对危机：让专业人士走上前台

“速度”对于管理危机至关重要。在发现即将陷入危机或已经陷入危机时，董事会必须首先接受现实，承认公司已经陷入危机，并迅速采取行动，控制危机。董事会要设想并分析最坏情形，危机发展到最严重阶段时会给公司带来什么样的后果。

董事会应制定合理的危机管理计划并予以实施。虽然无法预见危机的所有细节，但应事先明晰职责，制定预警方案，准备好能够迅速启动的应急支持，并且特别注意危机中的有效沟通。危机沟通不要引起不切实际的期望，不要隐藏残酷事实，尽量直接和面对面沟通。

危机时刻，董事会必须加班。在召开关键决策会议时，董事们必须亲临现场。诸如资讯更新、反馈和审核等工作，董事们可通过电话或视频会议进行。非现场会议有效的前提是董事会在危机之前就已经团结协作，具有公开和诚实辩论的董事会文化。

危机期间，董事会可根据危机的性质和种类，成立专业性的危机应对小组，让专业人士来领导危机应对工作，董事会提供资源和支持。这样做，可以使公司管理层能专注于维护正常经营，公司员工可以专注于业务。更重要的是将职责委派给外部专业人士，可以具有更高水准的危机处理能力（特别是系统性和外部性危机，如瘟疫和自然灾害），可以解决公司内部人士可能存在的一些利益冲突（特别是内部性的冲突和事故危机）。

危机应对小组建立后，要赋予其明确的职责和权力，特别是资源调度和使用权力，使其能高效地开展工作。赋予的职权大小取决于建立危机应对小组的初衷和危机的类型。危机应对小组的每位成员都应当有替补，特别是在成员可能与危机发生有关或存在利益冲突时。

健全治理，化危为机

大多数的公司危机都属于企业经营中十分正常的市场

判断、技术选择等方面失误所致。在良好的公司治理和风险控制条件下，正常的经营判断失误不会导致企业整体上的难以为继。即使陷入危机，甚至是遭遇灭顶之灾，在健全的公司治理体系之下，可以合理有效地分担损失，失败的企业家还可以有东山再起的机会。

许多公司危机本身就源自公司治理问题，如：股东之间的利益冲突，股东与管理层之间的公司资源使用冲突，董事会与管理层之间的人员更替和继任冲突，董事之间的个人恩怨、利益或潜在动机冲突。冲突不可避免，但需要以建设性的方式处理，冲突失控就会变为危机。

在最后成功创建了福特汽车公司之前，亨利·福特曾有过五次经营失败；3M 公司创立之始就因判断失误而惨败。责任分担机制清晰的一套现代公司治理体系保证了亨利·福特没有被失败击垮，一次一次地走出来。3M 公司的创始人们在面临失败后，通过有效的公司治理机制，在资金和人才两个方面引入新生力量，开拓出一条新路。

公司发展过程中，各种各样的矛盾和冲突本身都不是问题，关键是有没有一个董事会投票这样明确、权威的决策中心和裁决机制。创始人内部冲突，创始人与投资人之间的冲突，三位创始人的连续出局，都没有阻挡住 Twitter

作为一家独立公司的发展步伐，是公司各方相互作用但以董事会为核心（谈判、妥协和集体决策）的公司治理系统缔造了 Twitter。

乔布斯（自身担任董事长并是公司大股东）先前败给斯卡利（CEO）和后来赢了阿米利欧（董事长兼 CEO）的两次苹果内部斗争，都是董事会中的多数派支持决定胜负。董事会的权力到位，有董事会的裁决机制，多大、多激烈的公司内部矛盾和冲突都可以和平解决，不会导致公司瘫痪甚至分崩离析。

8

章

从中小企业到集团公司：控制与转型

1. 从激情到理性，从人情到规则
2. 不能持续携手，则要好合好散
3. 家族控制、股权分散与职业管理
4. 集团发展模式与集团公司治理
5. 公司治理的四种模式与两条转型路径

中小企业所有权集中，谁负主要责任的问题清晰，这可以带来优势，包括战略选择上的坚定性和独特性，以及风险控制上更强的动力。但另一方面，主要所有者可能会小富即安，无视外部责任，忽视环境变化，导致公司战略过时和组织僵化，以及不能有效解决内部矛盾，给公司带来灾难性后果。

公司治理质量决定着一个企业是被集中所有权的缺陷所束缚，还是有效地发挥集中所有权的优势。

1. 从激情到理性，从人情到规则

创业需要激情，需要能人，管理需要理性，需要团队和规则。做市场需要投入和激情，做企业则需要理性和规则。

公司控制结构和管理的稳定性

中小企业中，创始人团队和股东间特有的信任关系和相对低的沟通成本，是其取得竞争优势的一个有力源泉。但是，如果处理得不好，让创始人团队矛盾和股东冲突进入到企业之中，并且进一步地让企业经理人员也卷入当中，则会阻碍企业的组织发展进程。

（1）有董事会在，则公司稳定

法治和规则建设的不足，包括对董事会权力规定的不足和对股东权利保护的不足，导致很多公司的实际控制权处在从政府和大股东到经理人之间的一种不确定状态，董事会往往成为公司实际控制人的傀儡，有时甚至得不到形式上的尊重。

公司控制结构的稳定性直接决定着公司管理和高管团队的稳定性。缺乏有效的董事会这一稳定控制结构，大股东或者经理人成为公司“实际控制人”，要么是一股独大之下的久久不变，大股东自己不想变，其他力量无法改变，要么是一朝天子一朝臣，前几大股东势均力敌情况下的频繁变动，任何股权或者股份控制权的变动都会带来公司高管层面的大换班。

很多公司从股东大会到董事会，都形不成一种能够支持公司的合力，公司成为各方之间争权夺利的角斗场，缺乏管理和战略上的稳定性。严重情况下，公司在行为上都不像是一个独立法人，被几股力量切割，分成各自的几块，谋求各自的私利。

在无法完全靠董事会和健全的公司内部治理机制而保

持管理上的相对稳定和战略上的一致性的情况下，大股东之间一个基本层面上的相互信任与团结，或说是一个关键股东——老板，就成为保持公司稳定和发展的必要条件。

（2）谁当老板：关键成功要素与控制权安排

市场和企业是两种相互替代并相互依存的治理机制，市场是单次合约，企业则是一组合约。客观的外部环境和主观的当事者心念都是动态和变化的，不可能签订一个能够穷尽一切或然事项的完全合约。企业需要有人承担最后的风险，需要老板。老板承担最后的风险，拥有最后的剩余收益。别人都走了还在那顶着的人就是老板，这就是老板的产权职能。

产权是企业的首要规则，但是谁当老板，谁拥有产权更合理、更有效率？换句话说，最佳产权安排的原则是什么？一看谁最有风险承担能力并且有承担风险的欲望，二看谁投入的资产专用性最强——在本企业很有价值而离开本企业则几乎没有价值或价值大打折扣，三看谁的投入对企业的成败最为关键并且其努力程度不可监控。这就是选择谁当老板的基本思路，也是最佳产权安排的三项基本原则。

组成企业或是进行任何一种形式的紧密合作，不同特性资源的投入者之间要尽可能地事先讲清楚一些基本原则，以避免事到中途，投入通用资源的人以“退出”威慑来敲诈投入专用资源的人。要根据关键成功要素来配置企业的产权和控制权，通过最佳的产权和控制权安排来管理和预防合作中的风险。

不同行业和不同成长阶段的企业关键成功要素不同。随时审视外部的环境与自身的能力，识别关键成功要素，根据关键成功要素的不同进行股权和各层次控制权的调整与重新分配，这是动态企业理论和动态组织结构设计的精髓。

构建基于规则的沟通与协调机制

（1）划清创始成员、股东和企业的界限

中小企业的董事会，往往并没有在实际运作上真正到位，成为公司法人的有效机关而非大股东和公司实际控制人的橡皮图章。少数关联个人（一个家族人员或是共同创业人员）高度控股结构，导致公司行为受到控股股东们个人利益和偏好的严重影响，公司独立性受到这些主要股东

之间利益博弈动态的侵害。

这里有结构性矛盾和意外变故两类不稳定因素。创始人团队和其家族成员中，有股权又在公司工作、有股权但不在公司工作、没有股权但在公司工作以及没有股权也不在公司工作的四类人员之间，在有关雇佣、分红、投资等方面会存在激烈的结构性矛盾。夫妻离异和朋友反目等意外变故，以及个人财务目标和对公司的期望出现差异等，也都会导致公司的稳定性出现问题。

为了避免创始团队冲突，创始人家族矛盾和公司控股股东之间利益差异等影响公司的稳定性和独立性，一方面需要强化公司从股东大会到董事会和经理层的按程序决策规则，另一方面可以做些预防性制度安排。

在公司治理和管理上，必须脱离创业时期的"草莽英雄"状态，创始团队和控股股东们要在他们个人和他们作为股东的公司之间划清界限。这里包括他们个人作为股东的财务利益、作为股东的投票权和公司的股东会—董事会—经理层决策程序之间关系的清晰界定。

在创始团队、创始人家族、主要股东和公司之间建立起一种沟通与协调机制，如"创始团队委员会""创始人家族委员会"或"控股股东有关公司事务的委员会"。在这个委员会上，把创始团队内部有关企业发展计划和创始人个人发展计划的一些矛盾、创始人家族成员内部的一些分歧，以及主要股东之间有关公司事项的不同意见等，协调解决好，形成一致意见，通过正式的渠道传递到企业，避免不同声音给公司董事会和管理层的决策形成“噪音”。

建立一个创始团队、外部投资者和独立董事各占三分之一的董事会，使董事会成为有关企业重大问题的集体自由讨论和决策场所，可以帮助企业创始团队、主要投资者和职业经理人之间建立和发展信任关系，并能在一定程度上保证相互之间承诺的实现。董事会在提高企业战略决策能力和管理决策质量，以及企业接班人培养等方面都能发挥有效的作用。

（2）企业组织的硬性规则与人性化管理

企业组织处在家庭和政府之间，可以有类似于家庭的融洽氛围和文化，但是要有严格的规则；需要有一定的等级制，但是要尽可能地使组织扁平化，消减等级制对创造力的抑制。可以一方面实施非常严格的业务流程管理，另一方面，高级管理人员和普通职员身处相同的小格子里，标识也只有名字没有头衔。这就是企业组织的特点，家庭的平等制和政府的等级制之间的某种混合物。

标准化、泰罗制和科学管理是支撑现代大型工商企业的核心构件，是企业大厦的承重墙，是不能随意发挥和改造的。个性化、人性化和柔性管理，是市场经济发达之后的一种返璞归真，是一些装饰性的构件，是更好享用承重墙带来的空间的一些辅助手段。如果没有钢筋水泥所建构的硬性空间，柔性装饰实际是没有用武之地的。

个性化和重视组织中人的因素并没有否定、更不能否定企业组织的硬性规则和作业流程的标准化。中国企业，尤其是那些要以低成本战略制胜的企业，需要补上科学管理这一课，需要建立并严格执行标准化的流程管理。有些企业因为关键销售人员跳槽而受到重创，就是因为销售流程没有标准化作业，客户关系和客户信任都只承载在了销售人员个人的身上，而没有从销售人员个人身上转移到企业组织身上。

企业制度建设与董事会发展

创始团队的高控股比例和高管理参与比例，主要人员“股东—董事—经理”的身份三合一，容易导致其股东会和董事会的走过场与形式化。如何让公司董事会真正运作到位，发挥其应有作用，是中小企业加强公司治理的一个关键环节。

（1）人治结构、交错结构和法治结构

从组织治理角度看，企业制度建设，大致都要经历人治结构、交错结构和法治结构这三个阶段。

图 8-1　企业制度建设：从激情到理性，从自由到制衡

人治结构阶段就是一把手体制，一个关键的当家人或老板具有绝对权威，说一不二。交错结构阶段可能有两种具体的形态，一种是因为业务的复杂化和决策难度的提高，

“老板”自主性地逐步引入智囊性人物或者一个正式的智囊团；二是迫于外部压力建立的一种形式上的董事会或者是其他形式的一种“集体决策结构”，但实际的决策权力往往还是掌握在一个关键人的手里。第三阶段，真正的法治结构阶段，是在法律要求和股东压力的共同作用下，必须建立正式的董事会，在组织高层真正实行委员会制的集体决策结构。

这里的第二和第三阶段之间的根本区别是，第二阶段的智囊团是在关键人的左右（或者形式上的董事会是在实际地位高于董事会的董事长的左右），而第三阶段的实质性的董事会是在首席执行官的上边，即使是董事长兼任首席执行官，也不能在董事会的上面。关键人和智囊团的关系取决于关键人的人格修炼和智囊人物的诚心与说服艺术。说不说、说什么在于智囊人物，听不听、做什么则在于关键人。首席执行官和董事会的关系则是董事会拥有决定性的权力。为了效率，董事会要给首席执行官充分授权，但在该董事会不得不说的时候，首席执行官必须得听和执行。董事会拥有撤换首席执行官的最终权力。

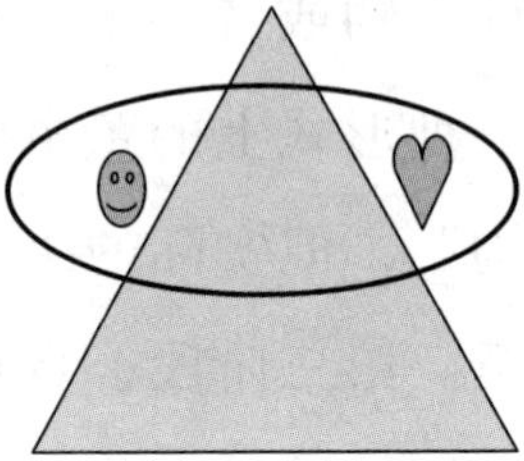

图 8-2　建立智囊班子：哈巴狗还是看家狗

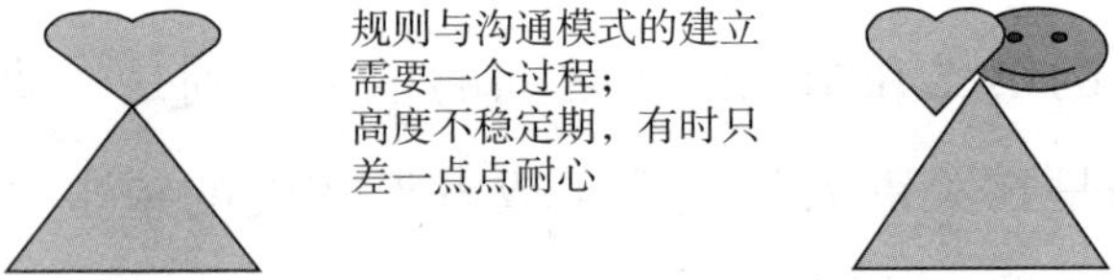

图 8-3　第二位权威人物的引入：理念共失败，规则共成功

（2）董事会发展：从初始到成熟

企业制度建设进入法治结构——正式董事会制度阶段之后，实际的董事会结构从初始到成熟还要大致经历三个步骤，或说有三种类型的董事会结构。

首先是初始阶段，往往是一元结构的董事会，董事会成员全部由创业者构成。从管理角度而言，不管企业办了多少年，做得多大，如果董事会成员只是创业者，那也是初始阶段，刚刚起步，风险很大。这种董事会往往不能选择正确的人做董事，而且可能会出现以下三种风险：一是把管理层具体事务拿到董事会上来讨论，经理和董事不分，小事和大事不分，管理与决策不分；二是只顾眼前急事和短期发展，思路不开阔，眼光不长远；三是习惯按公司创业时期的一些成功经验来思考企业发展到一定规模后面临的新问题，凭经验而不是凭科学决策。

随后是发展阶段，建立起二元结构的董事会，董事会由创业者和后来进入的代表资金或是技术的新董事构成。

最后是相对成熟阶段的三元结构董事会。三元结构是在创始人董事和投资人董事的二元结构上增加了第三类董事后形成的。第三类董事包括以下几个来源。一是员工通过“职工持股计划”以员工持股会代表的身份进入董事会。二是引入职业经理人，担任主要或是重要管理岗位后，作为管理层力量代表进入董事会。三是聘请外部独立董事。

2. 不能持续携手，则要好合好散

创业需要伙伴，但若不能有效解决创业伙伴之间的冲突，则会带来灾难性的后果。解决冲突的方法多种多样，成功案例不胜枚举。是理性地解决冲突，还是非理性地恶斗到底，一切都取决于当事人自己的选择。

创业伙伴，能够像惠普创始人休利特和帕卡德那样终生合作，可谓传奇，少之又少。但是，只要遵循一些基本的公平处事方法和公司治理规则，与不再合适的原合作者好合好散，发掘新合作者，同样可以缔造出一个持续卓越的伟大公司。

古典大亨的经验

在洛克菲勒、卡内基和福特等古典大亨们的时代，股票市场和公司治理规则都没有现在这么发达和细致，但是他们通过遵循一些最基本的公平处事方法而解决了与合伙人之间的冲突，并由此开拓出自己继续前进的道路。

（1）洛克菲勒进入石油业，起源于和其合伙人和平分手

1858 年洛克菲勒与克拉克合伙开设了从事农产品经销的公司——克拉克—洛克菲勒公司，两人各占一半股份。1863 年洛克菲勒和克拉克决定投资 4000 美元、占一半股份，与炼油专家安德鲁斯合作成立安德鲁斯—克拉克公司，建炼油厂。不到一年时间，本来是副业的炼油厂生意就超过了主业农产品贸易。安德鲁斯—克拉克公司很快成为了克利夫兰最大的炼油企业，但是洛克菲勒和克拉克之间却在公司管理和战略等方面产生矛盾。洛克菲勒比克拉克更为看好石油业的前景，愿意投入更多的资金发展，而克拉克相对保守。1865 年 2 月，洛克菲勒和克拉克决定散伙，双方竞拍炼油厂的所有权，出价高者得。从 500 美元的底价开始，一路上涨到 7.25 万美元时，克拉克放弃，洛克菲勒得到炼油厂。公司更名为洛克菲勒—安德鲁斯公司，安德鲁斯只负责技术，26 岁的洛克菲勒全权掌管企业，开始了走向石油大亨的征程。

（2）卡内基：钢铁大王的“极端与妥协”

卡内基能够成为钢铁大王，得益于他在宾夕法尼亚铁路公司所积累起来的管理经验、投资机会和第一桶金，但是更重要的是他具有“极端与妥协”的双重个性与能力。在追求生产效率，通过竞争消灭对手方面，卡内基毫不手软并勇于走极端。另一方面，卡内基也善于妥协，是一个战略方向指引者和冲突化解者。在面对自己团队中发生无法化解的矛盾、合伙人退出转让股份价格发生分歧时，卡内基都在最后关头妥协，以对方开出的价格达成和解，以避免走上法庭和两败俱伤。

（3）亨利·福特与其创业伙伴分手：董事会投票，股份收购

底特律煤炭商人马尔科姆森是亨利·福特的合伙创业者。两人合作的基本原则就是“有钱者出钱、有力者出力，利益均分”：马尔科姆森提供种子资金，福特负责制造出样车，吸引投资来创建公司。公司将对外发行10万美元股票，两位原始合伙人占51%的股份，这51%由两人各持一半。但是起初设计良好的平等合作局面，随着公司发展而

发生变化。马尔科姆森最初没有参与公司管理，在福特汽车公司取得一定成功，他自己的煤炭生意也通过改制为股份公司而可以放手之后，他要介入公司管理，由此与亨利·福特之间发生了冲突。亨利·福特通过董事会投票决议，并最后收购股权而使马尔科姆森离开了公司。

想要完全控制公司，就要完全掌握公司股权，这是亨利·福特的终极武器。经过两次重大的股权收购，福特汽车公司的股权结构从1903年创立之初的12名股东、亨利·福特本人持股25.5%的“朋友合伙式”企业，经过1906年的第一次股权收购变成了亨利·福特本人持股58.5%的个人绝对控股企业，又于1919年最终变成了福特本人持股58.5%、儿子持股41.5%、父子完全拥有的家族企业。

平等友善，着眼未来

百年修得同船渡，千年修得共枕眠。创业伙伴，不仅仅是有足够的机缘，也应该都是经过慎重选择的。有些时候，问题出在小有财富之后的人性扭曲。也有的是视野、判断力等没有随财富增长而得到增强。但如果能够一直本着平等友善的态度，着眼于未来而面对当前的问题，不仅矛盾可以解决，也可以好合好散而双赢。

（1）罗巴克：从合伙人到雇员和公司形象大使

罗巴克，是西尔斯—罗巴克公司的共同创始人，但实际是从前身公司西尔斯钟表公司的雇员做起，在重组为西尔斯—罗巴克公司后成为合伙人的。罗巴克 1887 年被西尔斯聘为西尔斯钟表公司的维修师，西尔斯于 1889 年卖掉了该公司。1892 年，西尔斯又找罗巴克商讨重新合作，两人合伙组建了罗巴克公司，1893 年重组更名为西尔斯—罗巴克公司，罗巴克成为了西尔斯—罗巴克公司的共同创始人。两年之后的 1895 年，罗巴克因为个人兴趣转变而要求西尔斯买下了他的股份，不再是股东，但将其姓氏留在了公司名称之中，并一直与公司保持着良好的合作关系。1933 年罗巴克重新加入了西尔斯—罗巴克公司，像个明星一样，在全国巡回出席各地的西尔斯商店开业庆典。

（2）沃尔玛：从合伙到公司，仅以账面价值折股

在改组为沃尔玛公司之前，沃尔顿开设的所有商店都是以独立的合伙企业形式组建的，合伙人有沃尔顿的弟弟、父亲、两位妻弟和商店经理（通常为 2% 权益）等。1969 年沃尔玛

公司成立，已有 32 家合伙制商店、78 名合伙人的权益全部置换为沃尔玛公司股份。在这一重组过程中，尽管各个商店的地理位置、经营业绩等差异很大，但没有对每家店一一进行价值评估，而是采用了简单的账面价值法。每位合伙人都爽快地在协议上签了字，并在后来都很高兴当时的明智决定。

（3）ZARA缔造者阿曼西奥：婚变后的股份投票权委托

阿曼西奥妻子梅拉是创始人之一，于 1973 年辞去了公司职务，转做慈善。1985 年经过一系列的重组之后正式成立了 Inditex 公司。1986 年离婚之后，阿曼西奥个人所持公司股份只剩 23%，已经不足以保持住对公司的控制权。梅拉没有让感情裂变影响商业决策，大度并且有眼光，把她的股份投票权委托给了阿曼西奥，支持了阿曼西奥对公司的控制。梅拉推动 Inditex 公司上市，以兑现一些自己所持的公司股票，投入她的慈善基金中去。2001 年公司上市之后，仍是公司第二大股东的梅拉退出了公司董事会。

守规则，定机制，防患于未然

志趣相投、价值观共享是成为创业伙伴的重要因素。

但是，对于绝大多数人来讲，这些是会随财富、社会地位和环境而改变的。没有恋爱法，但是一定要有婚姻法。创业伙伴之间要守规则、定机制，防患于未然，避免合作关系破裂带来灾难性后果。

（1）发明人彭伯顿不守规则，错失可口可乐

1855 年 12 月，可口可乐发明人彭伯顿与贩卖彩印机的鲁滨逊和多伊，及他的一位老搭档霍兰，四人合伙成立了彭伯顿化学公司。彭伯顿投入其技术（可口可乐配方）和实验室，鲁滨逊和多伊投入他们的彩印机，霍兰投入了资金，四人平分股权。可是 1887 年 6 月 28 日彭伯顿个人申请到了“可口可乐”专利权，随后于 7 月 8 日瞒着另外三位合伙人将可口可乐三分之二的专利权卖给了其他人。彭伯顿化学公司马上陷入了一系列的诡计、欺骗和混乱之中。多方争夺，几经周折，最后结果是，专利药剂经销商坎德勒以总计 2300 美元获得了可口可乐专利权，缔造出一个已经与彭伯顿毫无关系的可口可乐帝国。

（2）苹果从合伙转为公司：未雨绸缪，杜绝后患

苹果公司前身是苹果合伙企业，存续了不到一年的时

间。1976 年 4 月 1 日，乔布斯和沃兹涅克达成了合伙协议，约定二人各自占有合伙企业 45% 的权益，余下 10% 的权益给予第三位合伙人韦恩。拉来第三位合伙人是为了避免以后两人在重大问题上达不成一致意见，陷入僵局。但在 1976 年 4 月 12 日，因为害怕乔布斯的负债经营会使自己债务缠身，韦恩以一次性 800 美元的价格让出了自己 10% 的权益，退出了合伙企业。1977 年 1 月 3 日，投资人马库拉和乔布斯、沃兹涅克三人签署文件，正式创建了苹果股份公司。为了避免日后可能产生的法律纠纷，苹果股份公司以 5308.96 美元购买原苹果合伙企业的全部权利，并将这笔钱的三分之一给了韦恩，以确认他不会对苹果股份公司有要求获得利益的任何权利。

（3）斯沃琪缔造者海耶克的控制手段

斯沃琪集团缔造者海耶克，曾是一位成功的企业咨询师。他挣到了一些钱后，想要投资于企业，实际操练一下。1985 年，他曾提供过咨询的瑞士两家国有钟表公司（ASUAG 和 SSIH）重组成的 SMH 公司有意出售股份，海耶克便与持有 SMH 股份的几家银行达成协议：优先认购 SMH 公司最高限度为 51% 的股份。海耶克刊登广告征集合伙投资者，大富豪斯密德亨尼看到海耶克愿意拿出个人资产投资，以证明自己给客户提供的建议方案是正确的，决定参与投资。于是，他们两人首次各购入了 7% 的 SMH 股份。随后，海耶克又联合起了一个 12 人组成的投资团队，获得了 SMH 的 51% 的股份。其中，他和斯密德亨尼以各出资 4700 万瑞士法郎的代价又共同获得了 17% 的股份。

海耶克作为十几位投资者的核心人物，为保持住自己的控制权，做了如下安排。通过“联合投资合约”控制住股份：某一成员在对外转让股权时，其他成员具有优先认购权；团队成员中无人有购买意向时，才可以向外转让给第三方，此第三方要获得投资团队的认可。在董事会中，海耶克享有对企业管理事项的一票否决权。海耶克还与斯密德亨尼达成协议，斯密德亨尼将其所具有的公司事务的投票权全权委托给海耶克行使。在入主 SMH 的初期，海耶克和斯密德亨尼两人每周都会一起就一些重要的事务进行磋商决策。

3. 家族控制、股权分散与职业管理

家族企业的传承与控制

（1）家族控制的三种程度：严格、适度与宽松

创始人离世之后，公司继续受家族控制，这是很多企业都会走的一条道路，只是各自的走法，家族控制的方式和控制程度都不同。

一个极端是拒绝股权分散，保持家族的完全控制，就像贝塔斯曼、博世和宜家等。贝塔斯曼的第五代传人为了避免公司上市，不惜缩减公司业务、出售著名的 BMG（贝塔斯曼音乐集团），以购回财务困境时不得已转让出去的 25.1% 的公司股权。米其林家族为了保持控制地位，不惜

承担无限责任，采用了一种两合公司体制（只有承担无限责任的股东，才有权选举公司管理层人员）。不过，即使是这类公司，虽然企业所有权一直是集中的，但它有一套办法引进职业管理。一般来说是通过家族基金会，让投票权和财产权分开，行使投票权的人是家族核心成员和一些有能力的职业经理人。

比这种严格控制稍微向前迈进一步的是适度控制，股权开放，但家族保持一定比例的股份，同时努力实现公司管理权也在家族内代代相传，如菲亚特和美津浓。家族可能只持有 20% 到 30% 的股权，但依然保持对企业的控制。这样的企业遵守所有的公司治理基本规则，只是它的创始家族作为股东对公司重大的战略性问题和公司董事会的换届一直有一个积极甚至是决定性的影响。实际控制着爱立信、阿里斯顿等全球著名公司的瑞典沃伦堡集团可以说是这方面的典范。

家族控制再宽松一点，也更常规且公平合理一些的做法是把家族股份传承和企业管理权传承分开安排，家族保持股份控制，企业实行职业化管理，如沃尔玛和欧莱雅。山姆·沃尔顿“与员工及家人双重合伙”的治理之道和欧仁·舒莱尔“财产继承与企业管理分开安排”的传承之法，使“家族掌控之下职业经理人管理”的沃尔玛和欧莱雅，在作为行业领袖企业持续发展的同时，也给创始人家族继续创造着巨额的财富。与此类似，由于企业内部崇尚实力主义，丰田、佳能等公司创始家族的后人实际是竞争上岗的，企业管理权在职业经理人和家族后代之间轮番交替。

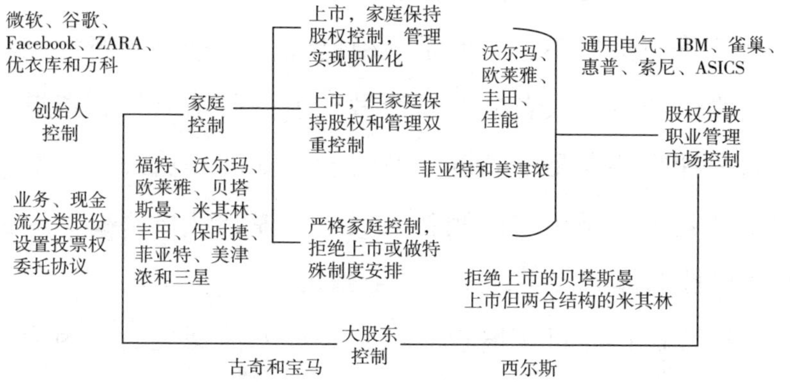

图 8-4　公司控制模式的演化

（2）家族退出后控制权的两种流向：经理人或新的大股东

有些公司创始人和创始人家族自觉或被迫退出公司，公司的控制权流向大股东或者职业经理人，或者经由新的大股东之后再流向职业经理人，这主要取决于公司能否顺利地实现股权的高度分散化。

创始人离开之后，很快实现了股权分散化、职业经理人控制的有通用电气、雀巢、惠普、索尼、ASICS 等公司。另外一些公司则是流向了新的大股东手里，如古奇和宝马等等。

能够实现股权分散化并成功建构起来一套职业经理人体制的公司虽然不少，但是规模已经大到难以有新的控制性大股东产生，或者公司已经做出了如通用电气和雀巢那样的一种坚持立足于高度分散的股东基础并从公司内部治理制度安排上做出了限制新大股东（控制性投票权）产生的战略性选择的公司，还是凤毛麟角。

有公司在经过了股权分散、经理人治理之后，因为业务发展不顺或公司陷入困境需要救助等原因，又重新回到了新的大股东控制模式，如西尔斯。

职业管理的本质含义和两种类型

从文化传统上来说，中国从政府官员到企业管理者，都不乏“庸者下、能者上”机制。在政府官员选拔上，还发展出来了一套长期领先世界的科举制度。相比之下，在企业管理者方面，虽然一直有着东家基于信任而选拔掌柜的优良传统，但是没有进一步发展出一套有效的职业经理人制度。

（1）职业经理人的本质含义

职业经理人的本质含义就是“拿薪水的公司管理人员”。早期的公司股东自己直接管理公司，往往是作为经理的薪水和作为股东的收益不作区分，后来逐渐有没有股权的经理人走上高级管理岗位，得到相应的薪水，人们就把这种人称为“支薪经理人”或“职业经理人”，就是以“经理人”——从事公司管理工作的人——为职业的人。

职业经理人制度是公司治理进步的结果，而非原因。从1860年到1870年前后，几个主要发达国家相继颁布了新的公司法规，引入“股东有限责任、董事会集中管理”的现代公司治理制度，然后经过几十年的发展，到1900年前后，大量的第一代创始人退位时，兴起了职业经理人接班这一做法。这个时候，这几个发达国家的大股东权力限制和中小股东权利保护等法律已经很健全，公司运作中董事会也已经完全到位，跟随创业者的经理人们也正好成熟到了能够继续领导公司前进的程度，创始人可以放心地退居二线、享受自己创业成功的果实了。有效的公司治理，能够保证不再介入经营的公司股东享受到公司经营的成果（当时最低的要求就是常规性的年度固定分红），而基本不必担心公司财产会被经理人偷窃或者分享不到公司经营成果。

（2）现代职业经理人的两种类型

现代职业经理人有资本市场和投资人控制下的职业经理人和创始人家族控制下的职业经理人两种类型。

资本市场控制下的现代职业经理人，与古典大亨时代的职业经理人不同。古典大亨时代的职业经理人本质上还属于“助手”，其与大亨之间的关系类似于中国历史上的东家与掌柜的，东家已经决定了干什么，掌柜的具体去干。用现代术语说，就是大亨建立了企业并确定了公司的战略和大政方针，职业经理人负责具体的落实和执行。现代公司职业经理人的“东家”则是董事会和股东会，职业经理人的权限可以很大，可以对公司的战略和大政方针有实质性影响。

现代职业经理人与管理主义时代的职业经理人也不同，管理主义时代公司控制权市场不发达，股东处于被动地位，经理人是公司的王者。现代公司的“东家”——投资人，在外部以资本市场的力量控制着公司，在内部则成为推动公司终结创始人—经理人、引入职业管理的主要力量。

由于资本市场的相对落后，以及其他一些法律（基金会制度）和历史（传统贵族）原因，欧洲国家公司的股权集中度比较高，特别是双重股份制度的普遍存在，使很多欧洲国家公司的创始人家族长期保持着对公司的控制。美国只有福特和沃尔玛等极少数公司是这种状态。但是，或者由于创始人后代的内部矛盾，或者由于高度的市场竞争，人才成为企业制胜关键，这些创始人家族控制的公司，也都普遍引入了职业经理人管理。保持创始人家族控制的情况下引入职业经理人，要比资本市场控制和投资人压力下的职业经理人引入，情况复杂得多，也需要一个更长时间的磨合与制度建立过程。

（3）职业管理是发展趋势，不是定式

中国企业受到一些过于简单化的有关公司治理和管理规范化的思维定势的危害。这种简单化思维定势的一个主要表现就是：健全公司治理结构就一定要是引进所谓的职业经理人。过于急切地采纳所谓“引进职业经理人”这种简单化的管理转型做法，结果是欲速则不达。

纵观管理百年，并没有一种单向度地靠引进职业经理人来发展壮大企业的简单定式。尽管总体上的大趋势是多数企业遵循着股权公众化、管理职业化的转型模式，但是这只是一个描述统计学上的观察结果，而并非每个企业都要遵守的“科学定律”。就是在那些优秀的国际顶级的大公司中，也是各种模式都有。

这里的关键问题不在于谁做什么工作，谁在什么岗位，而在于各种工作和各种岗位是否都是按照最合理和最有效的现代公司治理原则与方式来设置和运作的。

为什么外姓的经理人就管不了企业内的家族成员？如果外姓经理人管不了在企业内工作的家族成员，那么同样，新引入的高层经理就管不了元老和老资格员工。其共同的一个原因就是企业内部各个层面还没有按照一套制度规则来管理，企业还没有完全对各种人员按照一个清晰定义的岗位和职责来配置和管理。

从日本到欧美的一些大型家族公司，家族成员进不进入公司，以及进入什么岗位，都是按照一套规则来做的。有了一套平等竞争的规则之后，企业各个层面上的人员安排，都只是取决于能力，最后形成的结构是一种自然演进的结果。家族里有人才，并且有兴趣，就能保持家族控制，家族里没有人才，或者没有兴趣，就自然演化为外部经理人主导。企业高管人员是来自家族成员还是非家族成员，外部新聘还是内部提拔，本身都没有好与坏或者是规范与不规范之分。

中国的状况是，大股东的权力没有受到严格的限制，小股东的权利没有得到有效的保护，董事会更是没有真正到位，不介入经营的股东享受公司经营成果（年度固定分红）不仅没有形成常规，而且是“稀有现象”。这种情况下，如果企图在公司治理上搞“跨越式发展”，让外聘经理人完全掌控公司，其结果可想而知：即使不会“公开造反”，也肯定是“吃里爬外”，让创始人和投资者都成为“弱势群体”和“不幸的股东”。

对于目前中国的很多家族企业来说，也许比引进经理人更重要的是引进董事。

股权分散与控制权保持

理论上说，只要持股低于 50%，就有失去控制的可能。想既进行股权融资又保持控制，是一个非常大的挑战。

很多优秀的公司创始人，为了挽救企业于财务困境而被迫出让控制性股份或让出控制性权力，从而导致自己出局。杜兰特于1908年创建了通用汽车公司，1910年就因财务危机而使公司控制权落入了银行之手。1916年夺回通用汽车公司的杜兰特，没有汲取教训，再度大举扩张，再度陷入财务危机，于1920年彻底失去了自己创建的公司。

能够像坎普拉德创建宜家那样，一直靠自我积累而发展起来当然是非常好，如果要进行外部和股权融资，则最好未雨绸缪地同时进行一些相应的制度设计。分类股份设置，将投票权委托给创始人行使的协议，以及对董事会人选的控制，如像扎克伯格那样把对方派出董事的人选作为考虑是否接受注资的一个重要条件，这些具体的公司治理机制安排非常重要。

思科公司（1984年创立）创始人莱恩和桑迪夫妻，不仅没有在引入风险资本时（1987年）进行控制权保护设计，反倒在1988年5月为了争取风险资本方（红杉资本）支持赶走公司的职业经理人CEO而将自己的股份投票权委托了投资人——红杉资本的瓦伦丁，这使他们在公司上市仅仅半年后的1990年8月，因与公司经理人团队的冲突和投资人支持了经理人团队而被迫离开了自己创建的公司。

公司融资和股权分散的过程中，除股权结构之外，还有一个股东构成对公司控制的影响问题。股权稀释到什么程度还能保持控制，这在不同的股东构成条件下是不一样的。选择接受注资的时候，要看准对方是谁和对方的战略意图。如果对方全部都是真正的中小股东，而不是很容易采取一致行动的大机构，创始人的控制就相对牢固一些。在英美国家，10% ~ 20% 的股权就能保持住对公司的控制，就是因为它的对方彻底分散了。想在推进股权分散的同时保持公司控制，就要筛选并选择那些很难联合在一起的股东，作为你的股票出售对象。

此外，还可以根据《公司法》第 43 条有关股东表决权的规定（股东会会议由股东按照出资比例行使表决权；但是，公司章程另有规定的除外），建立投票权不同的分类股份制度。具体可以分两步达成：一是主要股东之间达成协议，由关键股东给予适当补偿的方式，将投票权向关键股东集中；二是新股发行时，发行没有投票权或投票权比例低的新类型股份。有了这样的制度之后，可以减少主要创始人之间利益分歧带来的公司不稳定，也可以使公司在关键创始人保持高度控制权的同时，实现财务上的股权分散。

4. 集团发展模式与集团公司治理

从单一业务型企业走向多元化和多部门化的企业集团过程中，如何有效地进行部门化和集团运作，如何通过有效的公司治理加强对集团和集团下属企业的控制和战略管理，是一个具有很高难度的课题。

企业成长与集团发展模式

中国企业的“集团化”程度很高，集团化方式普遍是非上市集团公司把多家上市公司作为下属公司控制。上市公司作为集团母公司控制非上市公司这种现代企业集团化模式还没有发展起来。集团总部本身是上市公司，下属企业不再进行股权多元化，更有利于公司治理和战略管理。

（1）两种集团发展模式的选择

从公司治理类型角度看，企业集团化发展有两种模式：横向和纵向。所谓横向就是集团母体作为上市公司，股权高度分散，没有控制性股东存在。另一种就是纵向，集团母体可能上市，可能非上市，但是股权集中度很高，有控制性股东存在。

横向治理是发达国家企业的主流模式，就是英美国家那种母体股权高度分散的大公司，通过战略业务单元控制大量和多业务种类的下属企业。以丰田、索尼为代表的现代日本企业集团也是这种模式。

纵向治理模式又有两种，典型代表分别是二战前日本财阀家族实行的层层控股的企业金字塔和二战后日本兴起的主银行控制和交叉持股形成的系列企业制度。

中国的集团企业绝大多数都属于纵向治理模式，母公司单一股东或股权高度集中，下属企业实行股权多元化，甚至通过上市而逐渐分散化。这种状态下，难以实现真正的整个集团的战略管理。因为集团的很多战略管理手段，受到股权多元化的下属公司“规范治理结构”的限制，层层的控股，就有层层的其他股东的利益在里头。企业其他股东各有各的想法，很难统一到控股股东的意志上来。上市企业则还要面临复杂的监管结构，中小股东、独立董事和新闻媒体等各个方面的制衡与关注。

是在母公司层面开放股权、对外融资，母公司引入资本市场的外部控制机制，而对子公司实行集中股权的高度控制，还是在子公司层面开放股权、对外融资，对母公司保持高度控制，再往下对子公司和孙子公司进行层层控制，这就是传统企业集团和现代企业集团的分歧点所在。

母公司作为公众公司，股权分散、结构透明，可以在全球各个资本市场上上市和融资。下属公司的上市就是出于业务成熟或者风险分担需要而进行的独立和分拆，不需要通过下属公司来层层融资。这样的集团，总部可以对下属公司进行各种模式和各种程度的控制，并且这种控制完全是资源调配、产业发展和商业竞争的需要。相比之下，层层控股、层层上市的做法，一方面是很“一厢情愿”，提高“我方”资本的控制力和辐射面；而另一方面，是在所难免的关联交易，有意无意地就侵犯了少数股东利益，丧失信誉，失去资本市场和投资者支持，最终难以真正地有所作为。

（2）并购成长：价值创造审视与整合之道

并购是单一业务企业发展为集团的一个重要方式，但是并购的风险很高，成功率很低。对并购行为的价值创造审视和并购整合中的公司治理考量，是企业并购成长中的两个关键问题。

真正强大的企业是个生物体，是自然成长起来的。有效的并购与重组可以推动这种成长，但也要像器官移植一样，要有细胞的相互接纳和血液的相互融合。公司治理差、内功不足的企业，不能真正整合好并购或重组到一起的资产和业务，其结果是不断消耗企业有限的现金流，最终无以为继。

并购或重组的根本目的在于构建企业的“产品能力”和“市场力量”，而不是简单的资产和销售收入的算术加总、报表合并。企业经营中要善于运用并购和重组等手段，但是永远不要忘记并且要持续不断地运用“是否创造价值”这把尺子来检验其合理性与有效性。

公司必须在保持各方利益基本平衡的状态下去创造价值，并进一步通过创造更大的价值而保持各方利益更好的平衡。从并购行为开始到并购后相当长的一段整合过程中，都要有一个系统的公司治理战略考虑。尤其是并购后的磨合和整合期内，公司实际决策机构和最高领导人的安排，对并购整合和最后的成功至关重要。

企业迈出多元化步伐或者新进入一个行业之时，比“我有多少钱可以用来投入”更为重要的是“我有什么办法能够用来吸纳”，能让这个领域和这个方向上那些有竞争力的人才到我这个组织的平台上来发展。集团的竞争优势应该是来自集团内企业的竞争优势。集团企业领导人需要思考的首要问题是，我怎么能支持集团内企业做得更好？

构建以董事会为核心的现代集团公司治理架构

潘罗斯在《企业成长理论》中提出，企业是人力资源的集合，企业的成长——规模扩张和产业多元化，必然受制于企业内部人力资源的积累。企业人力资源的积累和发挥作用，实际是一个组织发展的问题。企业组织的发展包括高层的公司治理结构完善和中低层的管理控制系统建设两个方面。

（1）提高董事会的战略决策和监督职能

随着集团业务的发展、一些新项目的成功运作，集团的经营规模会越来越大，所跨产业领域越来越宽，集团整体协调、监控和战略管理的难度也越来越大。

企业规模扩大和经营领域拓宽，在对集团管理下属公司的能力提出新挑战的同时，也会带来原有股东之间利益和观念上的差异与冲突，股东关系的协调与管理成为一项至关重要的工作。

由于企业领导人时间和精力的限制，创业阶段形成的、可能一直以来都十分高效的、个人色彩比较浓厚和非正式沟通为主的管理风格和决策方式，已经难以完全适应集团发展新形势和集团管理新任务的挑战，也不再能够满足公司各种利益相关者日益提高的期望。此外，吸引高端管理人才加入公司也需要制度化和规范化的企业战略管理平台。规范和强化董事会，构建以董事会为核心的现代公司治理体系，成为企业进一步发展的一项重要挑战。

集团的长期战略计划和年度业务运营计划都要由董事会来制定和批准。首席执行官由董事会选聘、任命和考核，全面负责落实董事会的战略决策。总裁或首席运营官、财务总监等重要职务，由首席执行官提名、董事会任命，其他一些职能部门经理则可以由首席执行官任命。所有的直线经理或业务部门经理，则可以由总裁任命，或由总裁提名、首席执行官任命。这些具体的决策要尽可能地由董事会做出明确的规则。

（2）通过集团管理委员会进行有效的战略管理

集团管理委员会的成员应该包括总部管理人员和重要职能部门及重要分子公司经理人员以及具有一定专业水准的技术和销售人员。集团管理委员会既是董事会之下的一个集团战略管理机构，也是一个集团内各单位之间协商和沟通，有效协调和解决战略执行中遇到的一些相关问题的机构。与此同时，通过集团管理委员会，给分子公司经理和职能部门人员以及公司的专业技术和优秀销售人员一个参与公司战略管理的机会，使公司高管人员能够及时地听到和发现战略执行中的一些具体问题，能够及时调整和修正战略，实际得到一个具有适应性的战略执行结果。

集团要加强对下属公司的控制可以采用多种手段，不能一味地只知道控制股权。其实控股并非越多越好，要计量控制的成本。同时，对于所持股权比例不同的下属企业，还要进行不同的公司治理结构设计。要对下属企业根据主要的风险事项和所持股权比例、所占董事会席位数量的不同，在股东会、董事会和经理层之间进行不同的权力配置，并且还要相应地对股东会的特别决议与普通决议事项，董事会的特别决议与普通决议事项，作出不同的安排。

对于不同的业务要采用不同的控制手段，除股权控制和董事会控制之外，还应该包括合同控制和产业控制等。

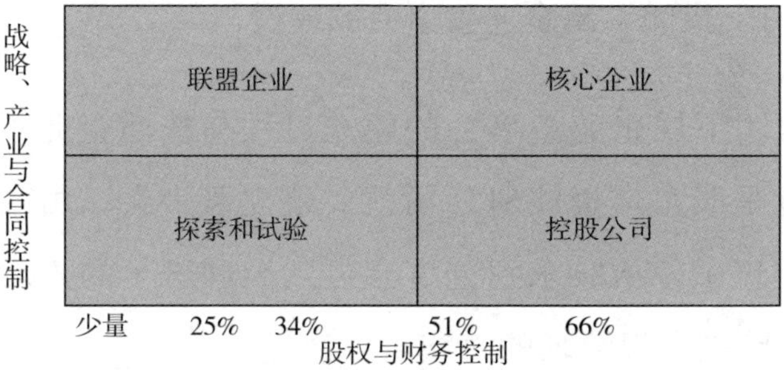

图 8-5　集团对下属企业的控制

集团下属企业董事会的建设与考核

集团对下属企业董事会的管理，最困难的一个问题就是如何既尊重下属企业董事会的自主管理权力，又能够实现集团的战略管理意志。非集团全资企业董事会成员对其他股东也有受托责任，要代表所有股东甚至整个公司的利益，不能为了推荐 / 提名其做董事的股东的利益而侵犯公司的利益。

长久来看，要真正顺畅地实现集团的战略管理意志，需要对下属上市公司进行“私有化”，通过换股和集团整体上市等操作，把其他股东的股权都放到集团层面。

（1）集团下属企业董事会的建设

集团下属企业董事会的建立过程与普通企业不同。普通企业是股东出资注册公司就要建立董事会，由董事会聘请经理班子，从股东到董事会再到经理班子的先后次序与授权线路是个很清晰的直线。

集团下属企业则不同，可能是先有个想法，再变成一个并非独立的项目，然后可能是分公司或者全资子公司，最后才可能是个有其他股东参与的股份制企业。这样一种状态下，可能先有经理层，后建董事会。即使建立了董事会之后，可能也是母公司作为控股股东同时任命了子公司董事会成员和子公司经理人员。与此同时，母公司职能部门、子公司董事会和子公司经理之间的权力划分可能也是不清晰或者是一个需要不断调试的过程。不断地调试没有关系，需要注意的是，要有明晰的规则：什么事情走什么程序，谁拥有最后的决定权。

还有一个问题就是这种集团下属公司的董事会不应该是统一的一个模式。要根据该公司业务性质，集团对其战略角色的定位而进行不同的设计，是独立型、合伙型，还是傀儡型，要作出明确的选择，不能总是漂浮状态。

（2）集团对下属企业董事的考核：两种类型

集团以股东身份对下属单位董事和监事的考核有两个方面：一是对集团以股东身份“推荐”出任下属公司董事职务人员的考核，二是以股东身份推动下属公司对其全体董事成员的考核。

第一种考核的主要着眼点可能是这些董事与集团公司之间就其所任董事权力行使和职责完成情况的沟通与汇报，可以是一个办法运用于所有推荐到下属公司的董事。这种考核主要以其本人资历“是否够格”、行为是否能够满足集团公司的要求为标准。操作方式上，淡化“考核小组”这种字眼比较好。比如通过设立一个“集团分/子公司管理委员会”这样的一种机制，替代考核小组。这个委员会成员由集团领导和所有的“派出”董事参加。这个委员会主要是交流与讨论的机制，同时可以行使一个“考核”的职能。

第二种考核的着眼点是从每一个下属公司出发，看其董事的职责完成情况，主要是看实际是否称职。考核的范围应该是每一个下属公司的全体董事，考核实施主体最好是各个下属公司董事会自身。集团公司作为主要股东可以给各个公司提供一个董事考核的基本蓝本，其中包括少量通用和硬性的指标，比如，董事每年至少要亲自出席75%以上的董事会会议。董事是否能够事先充分准备，会议中有见地地发言讨论等等，其他董事是最为了解的。通过采用在各个下属公司董事会中让全体董事都参加一种问卷式匿名的相互考评，就设定的一些指标打分，得出一个相对客观的评价分值。这种考核的分值，实际也可以作为上述第一种考核的一个重要参考依据。

“委派”董事：法人董事的问题

集团“委派”到下属企业和持股企业的董事、监事人员到底是以其个人身份出任该职务的，还是集团作为法人出任董监事所指派的自然人代表?

（1）先走内部程序，再走法定程序

中国现行公司法没有明确规定董事是否可以由法人担

任，相关资格要求都是针对自然人的，可以合理地认为按中国现行公司法规定任职的董事都是由自然人担任的董事，而不是由法人担任的董事（即法人董事，具体履行董事职责的自然人只是法人董事的自然人代表）。但是实际运作过程中，特别是在大型国有企业和集团公司下属企业中，集团公司"委派董事"的现象比比皆是，并且这类董事的实际履职中，其在所任职董事会的投票决策权往往归属于其委派单位，集团公司董事会、总裁或是相关职能部门，而不是归属于董事本人。

实践中，这种做法被称为"先走内部程序，再走法定程序"，就是通过集团内部程序，由集团（法人）拿出意见，再由具体任职的董事按法定程序到董事会上进行投票。这是通过所谓内部程序，否定了相关董事作为自然人以其个人身份出任董事的法定身份。作为法人的集团通过内部程序剥夺具体任职董事的个人决策权，由集团法人实际行使董事权力，事实上就是集团作为法人在担任董事，属于事实董事，或说是影子董事。按现代公司治理规则，事实董事和影子董事，是要实际承担相应法律义务的。

解决这种公司法上没有明确规定和实际运作中又有合理需求的冲突，需要深入研究一下法人董事的问题。

（2）法人董事：利与弊

法人可否担任公司董事？理论上，关于法人能否成为公司董事，是一个法人的权利能力问题，有肯定说、否定说和不能担任担当业务的董事（内部董事、执行董事）但可担任不担当业务的董事这三种说法。实践中，主要发达国家公司法规定上也有三种情况，即准许、禁止和未明确。

理论讨论和立法规定都是肯定、否定和不置可否三种情况，充分说明了法人董事是个实践性很强、利弊参半和因时因地而异的问题。让一个法人实体出任公司董事，会导致很多问题，正因此，这种制度安排的总体历史发展趋势是从准许到禁止，如英国和日本的情况。

法人出任董事、指定自然人代表充任，大大方便了法人股东的意志贯彻，可以根据自身需要和自身意志改变随时撤换其自然人代表，这有利于法人股东对所投资公司的控制，但减弱了投资对象公司的法人独立性，使其治理结构出现问题。

法人董事的代表人或者代表法人股东的董事，与普通董事有所不同，实际会导致董事会人员身份上的割裂，影响董事会作为一个整体的作用发挥。实际如何追究这类非正常董事的个人责任，也是一个棘手的问题。缺少对董事个人的责任追究，就难以有效震慑和抑制有限责任类公司的冒险甚至是不法行为。

除对刑事处罚之外，在民事责任上，任命一个法人董事并不是一种躲避董事责任的方式。各国公司法都规定董事对公司负有诚信和勤勉责任，如果一个法人被任命为公司董事，要与自然人一样地负有这种责任，这也就意味着公司可以向该法人提起因董事责任问题而招致的公司财产损失赔偿诉讼。

法人董事之所以实际存在，有其合理性和有利的一面。准许法人成为公司董事，提供了灵活工具以应用于诸多不同场合。可以特别注册成立目的只是为了做其他公司董事的空壳公司。跨国公司可以注册成立一种专门机构，出任其在所有准许法人担任董事的国家的子公司的董事。如果构造合理，这可以使集团对分 / 子机构的管理更为流畅。

对于中国的现实情况来说，特别是国有资本投资、运营公司和大型集团公司，可以以集团公司本身或者集团内的一个专门法人机构作为集团子公司、集团持股公司的董事和监事，无论出台法人董监事的具体法规如何规定，更换这些法人董监事的自然人代表总要比更换董监事人选所需要的备案和公告手续简单和便利一些。如能进一步对法人董事的更多具体事项做出明确规则，肯定会比现在这种没有明确法规而实际存在“法人董事监事”现象的灰色状态要好。

5. 公司治理的四种模式与两条转型路径

公司治理转型，是公司制企业在按照公司治理基本规则，应对自身及外部各种条件变化而进行一种适应性的调整过程。

公司治理基础规则与公司治理转型

公司治理转型，区分为两层含义。一是建立健全真正的公司治理，真正按公司制企业的基本规范去做。这个层面上的“公司治理转型”，或者更准确地说是现代公司治理机制的有效建立，是真正公司治理转型的基础。二是规范运作的公司制企业，随其规模扩张或各种因素变化而自然演进出来的公司治理转型问题。

没有上述第一个层面上的公司制企业基本治理规范为基础，就谈不上第二个层面上的公司治理转型。第二个层面上的真正的公司治理转型，已经无关法律规定，无关公司治理运作的一些基础规则。公司治理转型，是公司制企业在按照公司治理基本规则，应对自身及外部各种条件变化而进行一种适应性的调整过程。正是公司治理基本规则，为公司制企业提供了进行这种适应性调整的可能。

简单说，公司治理的最基础规则就是股东有限责任和董事会集中管理这两条。公司治理转型的核心内容和两条主线则是股权分散和职业管理。如果没有有限责任和董事会集中管理，公司股权很难分散，股东不可能退出公司管理，职业管理也就无从谈起。因此说，公司治理基础规则是公司治理转型的前提条件，没有公司治理基础规则，就谈不上公司治理转型。

中国当前很多公司，在公司治理基础规则缺位的情况下，追求公司治理转型，是皇帝还在的情况下搞丞相负责制，无论如何都还是人治，是关键人治理，而不是法治，不是公司法人治理规则下的职业管理。

公司股权和控制的四种模式

在我们深入研究过的近百家企业案例中，最重要和普遍的两条主线是，公司从创立、成型到成熟的过程中，公司股权从集中走向分散，公司控制权从创始人转移到经理人。不是所有的公司都能走到股权分散、职业管理这一步，股权分散、职业管理也并非就是公司治理先进，但是，随着公司规模扩大和成长，股权分散和职业管理，往往是多数公司不得已的选择。

股权分散和职业管理往往相伴发生、同步发展，但是二者之间并没有必然和必须一致的联系。从逻辑和历史两个角度上看，股权集中还是股权分散，股东管理还是职业管理，都有如下四种组合：A 股权集中、股东管理，B 股权集中、职业管理，C 股权分散、股东管理，D 股权分散、职业管理。

这里的股权集中还是股权分散，我们大致可以按第一大股东持股比例 20% 左右为分界。股东管理就是主要股东直接出任主要经理人职位，职业管理则是职业经理人出任主要经理人。即使职业经理人因股权激励或是并购等因素而持有公司少数（非控制性）股份，也可以看作是职业经理人。如老沃森出任 IBM 前身公司总裁职位时，获得了 5% 的分红权，但他是职业经理人角色。斯隆因其所创办的轴承公司被通用汽车收购而加入通用汽车，陈晓因其所创办永乐电器被国美电器收购而加入国美电器，但二人后来成为承继公司主要经理的角色都是职业经理人。

ABCD 四种公司治理模式都有典型代表。

A 类股权集中、股东管理的公司就是古典型企业，是绝大多数公司的起点，也是绝大多数中小企业的现实状态，创始人拥有、控制并直接管理企业。

B 类股权集中、职业管理的企业，则是主要发达国家之外的世界大多数国家的公司治理状态。中国的绝大多数公司，无论国有还是民营，都可以归入到这一类里。世界著名公司中，德国的贝塔斯曼集团可以说是这类公司的一个典型代表。

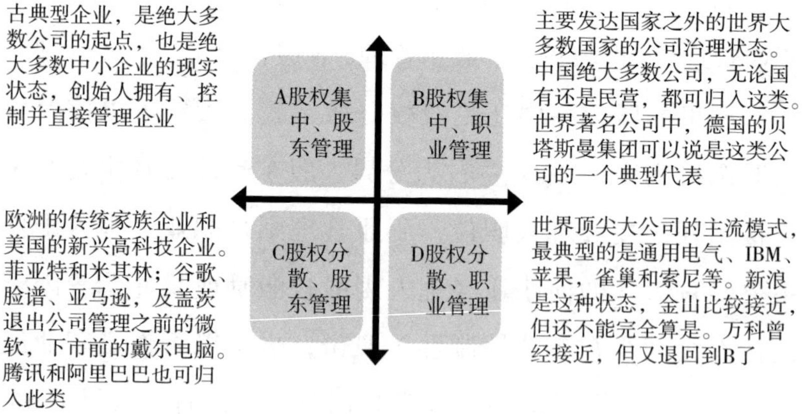

图 8-6　公司股权和控制的四种形态

C 类股权分散、股东管理的企业，典型代表是欧洲的一些传统家族企业和美国的一些新兴高科技企业，前者如意大利的菲亚特和法国的米其林，后者如谷歌、脸谱、亚马逊，以及比尔·盖茨退出公司管理之前的微软和下市之前的戴尔电脑。腾讯和阿里巴巴也可以归入此类。

D 类股权分散、职业管理的企业，是目前世界顶尖大公司的主流模式，但最为典型的是美国的通用电气、IBM、苹果，瑞士的雀巢和日本的索尼等。中国公司中，新浪是这种状态，金山和万科都已经比较接近，但还都不能完全算是。

公司治理转型的两条主要路径

在上述公司股权和控制的四种形态中，我们大致可以把股权集中、股东管理作为起点，而把股权分散、职业管理作为目标来界定公司治理转型的过程。这样的公司治理转型过程，理论上就有三种路径：①从股权集中、股东管理直接转变为股权分散、职业管理；②从股权集中、股东管理转变为股权集中、职业管理，再转变为股权分散、职业管理；③从股权集中、股东管理转变为股权分散、股东管理，再转变为股权分散、职业管理。

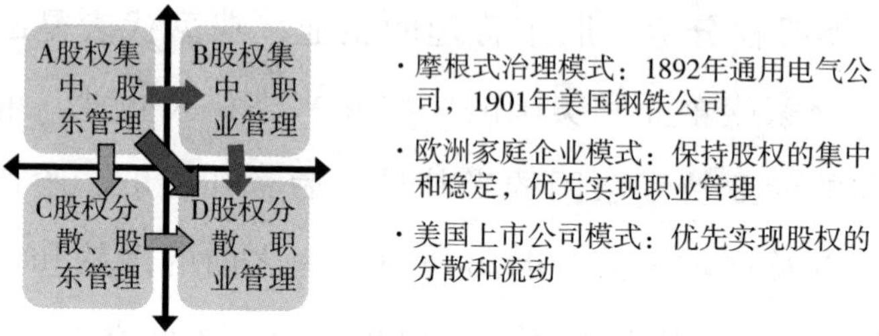

图 8-7　公司治理转型，从 A 到 D 的三条路径

但是，在现实中，上述第一种路径很难实现，成功的案例很少。1901 年摩根财团收购卡内基钢铁公司后组建美国钢铁公司，以及 1892 年摩根主导下的爱迪生通用电气公司和汤姆森—休斯敦公司合并后组成通用电气公司，可以算是两个比较靠近的例子。但是，这两个案例的共同特点是，虽然法律上公司股权是一步到位似的分散了，但是摩根及其合伙人作为股权分散后众多股东（也就是摩根的客户们）的代理人，在很长时间内都拥有着公司的控制权，也就是我们说的金融大亨取代了实业大亨。与此同时，这两个企业在其实业大亨时代的后期，都很大程度上引进了职业管理。卡内基作为占其钢铁公司一半股份的大股东，主要通过信件方式对公司管理提出建议和意见。实际上，向摩根提出收购卡内基钢铁公司、组建美国钢铁公司建议，并且出任了美国钢铁公司首任总裁的人就是时任卡内基钢铁公司总裁的斯瓦布。因此，我们也可以把从卡内基钢铁公司到美国钢铁公司的治理模式转型路径，近似地归结为上述第二种路径，即先实现了股权集中、职业管理，再实现了股权分散、职业管理。

如果不考虑理论上存在，实践上很难也很少发生的上述第一种公司治理转型路径的话，我们可以把上述第二种和第三种路径看作是公司治理转型的两条主要路径或说是两种模式。第一种模式是保持股权的集中和稳定，优先实现职业管理，这是欧洲家族企业的主要模式，可以称之为欧洲家族企业模式。第二种模式是优先实现股权的分散和流动，这是美国企业所普遍采用的模式，可以称之为美国上市公司模式。出现这两种公司治理转型模式上的分野，主要原因在于欧洲和美国在企业资本积聚和资本市场发达程度的差异。

欧洲由于长期的封建历史，有很多贵族和富裕家族存在，在开始工业化和发展现代公司的时候，这些富裕家族可以提供相对充裕的原始资本供给，使企业对资本市场的依赖程度不高，企业可以在保持股权集中和稳定的情况下发展和壮大起来。随企业规模的扩大，在人才方面的需求，迫使这些企业不得不引入职业管理。美国继承了欧洲的思想文化，但是没有欧洲那样的贵族和富裕家族。从工业化和现代公司起步时期起，美国企业就需要通过资本市场融资，才能很快地发展和壮大，这使美国形成了很好的股权文化，对股权分散持开放心态，甚至是积极拥抱股权分散。

公司治理转型的大股东（创始人）陷阱

公司能否相对顺利地完成治理模式转型和公司控制权的转移与传承，既取决于公司外部的公司法律体系完善程度和资本市场深度，也取决于公司内部的治理机制安排，公司创始人的偏好与选择，创始人的家庭和家族情况，以及公司业务发展机遇等等。

能够实现股权分散化并成功建构起来一套职业经理人体制的公司虽然不少，但是规模已经大到难以有新的控制性大股东产生，或者公司已经做出了如通用电气和雀巢那样的一种坚持立足于高度分散的股东基础并从公司内部治理制度安排上做出了限制新大股东（控制性投票权）产生的战略性选择的公司，还是凤毛麟角。有公司在经过了股权分散、经理人主导之后，因为业务发展不顺或公司陷入困境需要救助等原因，又重新回到了新的大股东控制模式。

从股权的集中与分散角度看，主要的决定因素是资本市场发达程度。资本市场越发达，社会和法律对中小股东的保护越充分，公司在股票市场上的价值越大，股权融资要比债权融资更容易，并且成本更低，公司股权就会越分散。这种情况下，阻碍公司走上股权分散进程的就是大股东。如果大股东限于其自身的眼界或者偏好，宁愿公司发展缓慢也要把公司牢牢掌控在自己手中，公司就会停在“大股东陷阱”之中，走不上股权分散之路。

阻碍公司转型的大股东陷阱不仅仅表现在拒绝股权分散上，也可以表现在拒绝职业管理上，或者说是，把职业管理限制在一个有限的范围之内，拒绝进一步走上“市场控制—经理人主导阶段”。这类公司很多，特别是在欧洲大陆国家，甚至也可以把日本包括在内。从瑞典沃仑堡集团到德国的汽车家族，从法国的米其林到意大利的菲亚特，以及日本的丰田集团等等，大股东或创始人家族都对公司管理层人选有相当大的控制权。美国也存在这种情况，不过程度要比欧洲和日本轻一些，性质也有所不同。美国主要是在新近成长起来的高科技企业中，存在通过投票权信托和分类股份设置等手段维持的创始人控制。但由于美国资本市场和职业经理人市场的高度发达，这些企业在创始人离去之后，基本不会继续存在严格的创始人家族控制。

最后需要指出的是，虽然我们在理论上把公司治理转型总结为从股权集中、股东管理开始，通过先股权分散再职业管理和先职业管理再股权分散两种路径，走向股权分散、职业管理的过程，但是实践上，不能教条地认为这是一个单向、直线和必需的过程。公司治理转型作为一个适应性的调整过程，是根据企业自身及外部条件变化而进行的一种相机选择。就是说，虽然公司治理转型的总体大势是从股权集中到股权分散，从股东管理到职业管理，但是具体到一个企业，一个企业的具体时点上，也存在着反向选择的合理性。分散了的股权可以重新集中，退出了管理的股东可以重新回归公司管理，至少在一定的时间期限内，都可以是一个企业在公司治理上的有效选择。

参考文献

REFERENCES

[1] 虞政平主编 . 英国公司法规汇编——从早期特许状到当代公司法（英文版）. 北京：法律出版社，2000

[2] 英国议会 . Companies Act 2006

[3] 虞政平编译 . 美国公司法规精选 . 北京：商务印书馆，2004

[4] 吴建斌等译 . 日本公司法典 . 北京：中国法制出版社，2006

[5] 左羽译 . 特拉华州普通公司法 . 北京：法律出版社，2001

[6] 阿德里安·卡德伯里著 . 陈海威，等译 . 公司治理和董事会主席 . 北京：中国人民大学出版社，2005

[7] 艾兰·布雷克著，刘有发等译 . 董事会的构建 . 北京：经济管理出版社，2003

[8] 保罗·戴维斯著，樊云慧译 . 英国公司法精要 . 北京：法律出版社，2007

[9] 鲍勃·加勒特著，李亚译 . 董事会绩效 . 北京：机械工业出版社，2005

[10] 鲍勃·加勒特著，詹正茂译 . 鱼从头烂 . 北京：现代出版社，2005

[11] 布莱恩·柴芬斯著，林华伟等译．公司法：理论、结构与运作．北京：法律出版社，2001

[12] 布莱恩·莱切姆著，邱洪生等译．董事长手册．北京：高等教育出版社，2004

[13] 大卫·纳德勒著，梁晶等译．建构更佳的董事会．北京：中国时代经济出版社，2007

[14] 丹尼斯·吉南著，朱羿锟等译．公司法．北京：法律出版社，2005

[15] 弗兰克·伊斯特布鲁克著，张建伟等译．公司法的经济结构．北京：北京大学出版社，2005

[16] 亨利·罗伯特著，袁天鹏等译．罗伯特议事规则．上海：上海人民出版社，2008

[17] 杰弗里·戈登等著，赵玲等译．公司治理：趋同与存续．北京：北京大学出版社，2006

[18] 杰伊·康格等著，许静芬译．公司治理结构．上海：上海交通大学出版社，2002

[19] 科林·卡特等著，蔡曙涛译．董事会的作用与效率．北京：商务印书馆，2006

[20] 拉尔夫·沃德著，黄海霞译．新世纪董事会．上海：上海交通大学出版社，2002

[21] 拉尔夫·沃德著，高明华译．完善公司董事会．北京：机械工业出版社，2006

[22] 拉姆·查然著，武利中译．顶级董事会运作．北京：中国人民大

学出版社，2003
[23] 拉姆·查然著，曹植译.高效的董事会.北京：中信出版社，2006
[24] 罗伯特·克拉克著，胡平等译.公司法则.北京：工商出版社，1999
[25] 罗伯特·韦尔林著，吕彦儒等译.公司治理案例.上海：格致出版社，上海人民出版社，2008
[26] 罗尔夫·卡尔森著，王晓玲译.所有权与价值创造.上海：上海交通大学出版社，2003
[27] 罗修章，王鸣峰著，杨飞等译.公司法：权力与责任.北京：法律出版社，2005
[28] 马丁·希尔伯著，付曼丽等译.新型公司治理.北京：中国电力出版社，2008
[29] 美国法律研究院，楼建波等译.公司治理原则：分析与建议.北京：法律出版社，2006
[30] 帕特里克·邓恩著，冯学东等译.董事会会议管理.北京：机械工业出版社，2006
[31] 苏珊·舒尔茨著，李犁等译.董事会白皮书.北京：中国人民大学出版社，2003
[32] 唐纳德·邱著，杨其静等译.公司财务和治理机制：美国、日本和欧洲的比较.北京：中国人民大学出版社，2005
[33] 托尼·兰顿等著，李维安等译.公司董事指南.北京：中国财政经济出版社，2004

[34] 乌尔里克·斯蒂格等著．掌握全球化公司治理．北京：中国人民大学出版社，2006

[35] 伊迪丝·彭罗斯著，赵晓译．企业成长理论．上海：上海三联书店，上海人民出版社，2007

[36] 约翰·哈珀著，李维安等译．董事会运作手册．北京：中国财政经济出版社，2006

[37] 约翰·卡弗等著，詹正茂译．创造价值的董事会．北京：当代中国出版社，2005

[38] 珍妮特·丹恩著，黄庭煜译．公司集团的治理．北京：北京大学出版社，2008

董事长书架丛书

微信公众号　　微信扫码购书

企业管理出版社
ENTERPRISE MANAGEMENT PUBLISHING HOUSE

地址：北京市海淀区紫竹院南路 17 号中国企业联合会 1 号楼
电话：68414643　　邮箱：qiguan1961@163.com

董事长书架丛书

微信公众号

微信扫码购书

企业管理出版社
ENTERPRISE MANAGEMENT PUBLISHING HOUSE

地址：北京市海淀区紫竹院南路 17 号中国企业联合会 1 号楼

电话：68414643　　邮箱：qiguan1961@163.com